Magnus Angermeier
Symbol Baum

Magnus Angermeier

Symbol Baum

Der Baum im unbewußten Erleben des Menschen

Darstellung der archetypischen Baumsymbolik und ihrer Bedeutung für die psychischen Beziehungen zwischen Baum und Mensch heute.
Konsequenzen für die Landschaftsarchitektur.
Diplomarbeit am Lehrstuhl für Landschaftsarchitektur an der TU München - Weihenstephan bei o. Prof. G. Grzimek.
im Juli 1976

Bibliografische Information der Deutschen Nationalbibliothek: Die Deutsche Nationalbibliothek verzeichnet diese Publikation in der Deutschen Nationalbibliografie; detaillierte bibliografische Daten sind im Internet über dnb.dnb.de abrufbar.

Herstellung und Verlag: BoD – Books on Demand, Norderstedt

ISBN: 9783749469864

Inhalt

Vorwort

Den vorliegenden Text habe ich als Diplomarbeit an der TU München - Weihenstephan bei Herrn Prof. Günther Grzimek geschrieben. Die Arbeit wurde mit einer sehr guten Note bewertet und damals auch von Kommilitonen vielfach gelesen und zitiert. Heute, nach vierundvierzeig Jahren praktischer Tätigkeit als Bildhauer und Landschaftsarchitekt, kann ich sagen, daß der Geist dieses Textes immer im Hintergrund meiner Tätigkeit mit gespielt hat. Da ich glaube, daß dieser Text auch heute noch genauso aktuell und brisant ist wie damals, habe ich mich entschlossen, diese Arbeit nun zu veröffentlichen.

Auch wenn der Text in manchen Details vielleicht verbesserungswürdig erscheint, habe ich trotzdem die ursprüngliche Form beibehalten. Denn wenn man anfängt zu verbessern findet man kein Ende. Auch die, zugegebenermaßen, wenigen Abbildungen habe ich unverändert übernommen. Es ist dabei zu bedenken, daß die Arbeit vor der Ära des Computers entstanden ist, als die Werkzeuge nur aus einer mechanischen Schreibmaschine und einfachen Kopiergeräten, „Tippex", Schere und Papier bestanden. Auch die Rechtschreibung habe ich in der damals richtigen Form belassen, da sie mir auch heute noch als schöner, d.h. sinnentsprechender, erscheint. (Allerdings kann ich nicht gänzlich für die Freiheit von Druckfehlern garantieren.) Den neuen Titel „Symbol Baum" habe ich gewählt weil er den Anforderungen des Internets vielleicht besser entspricht.

Die Arbeit gibt den Geist eines ökologischen Weltbildes wider. Das Manifest des „Club of Rome" bildete damals einen plausiblen Hintergrund. Heute, wo die Bewegung der „Klimarettung" in aller Munde ist, erscheint dieser Ansatz wieder aktuell und „revolutionär" zu sein. Allerdings kann es dabei nicht darum gehen, der fadenscheinigen, künstlich erzeugten CO_2-Psychose das Wort zu reden oder das arme, mißbrauchte Mädchen aus Schweden heilig zu sprechen.

Immerhin, dieser Ansatz ist nicht neu: Er stellt uns jedoch vor die Frage, ob der Mensch die Natur beherrschen soll oder ob er sich als ein Teil der Natur sieht. Diese Arbeit versucht, die Beschäftigung mit dieser Frage anzuregen und vielleicht den Einen oder Anderen zur Besinnung zu bringen.

Eschelberg, im Dezember 2019
Magnus Abngermeier

1. Eine Aufgabe des Garten- und Landschaftsarchitekten.

Der moderne Mensch, und vor allem der Grünplaner (die Berufsbezeichnung spricht für sich!), scheint im Baum meist nichts anderes mehr zu sehen, als ein grünes Baumaterial, eine Ware, die in Massen lieferbar ist wie Beton. Zwar gesteht man diesem Material gewisse „Wohlfahrtswirkungen" zu, aber diese bestehen größtenteils auch nur in physikalisch messbaren Eigenschaften, wie z.b. einer Sauerstoffanreicherung der Luft, der Dämpfung von Phonstärken, dem Ausgleich eines Temperaturgefälles zwischen Stadt und Land, etc. Sicherlich sind diese Wirkungen von größter Wichtigkeit für das physische Wohlergehen in den Ballungszentren moderner Überzivilisation. Allein, der Baum ist, wenn diese Perspektive ausschließlich oder überwiegend gilt, kein selbständiges lebendes Wesen mehr, sondern nur noch Materie, die, nicht viel anders als der Mensch, zu verschiedenen Zwecken benutzt werden kann.

Der Mensch schafft sich seine Umgebung, und diese wiederum erschafft den Menschen. Der Planer und Gestalter aber besetzt als „Schöpfer" der Umgebung eine Schlüsselposition, deren Verantwortungsradius er nur zu oft nicht genügend erkennt. Da er größtenteils mit Auftraggebern zu tun hat, für die das Geld der Maßstab aller Dinge ist, und mit Politikern, für die „nichts zählt, als was sich in Zahlen ausdrücken läßt," (Bundeskanzler Schmidt in seiner Antrittsrede), deshalb ist es für ihn besonders schwierig, aber auch besonders wichtig, den Baum, sein Hauptgestaltungsmaterial, nicht nur aus materieller Sicht zu sehen, sondern auch in seinem Wesen und in seinen Wirkungen auf den Kern des Menschen, auf seine Seele zu erkennen. Erst dann wird der Baum zu einem Gestaltungsmittel, mit dem der Garten- und Landschaftsarchitekt über oberflächliche Formalität und unpersönliche Zweckhaftigkeit hinauskommen kann. Dann hat der Mensch wieder eine Chance mehr, Mensch zu sein.

Deshalb werden wir uns in dieser Schrift mit den bisher wenig besprochenen psychischen Beziehungen zwischen Mensch und Baum befassen. Dazu ist es nötig, daß wir uns zunächst darüber klar werden, wie der Mensch überhaupt seine Umwelt erlebt.

2. Wie erlebt der Mensch seine Umgebung?

Die Bedeutungen, die der Baum für den Menschen hat, sind abhängig von der Art und Weise, in der der Mensch seine Umgebung und, in Bezug zu dieser, sich selbst erlebt. Gesichts-, Gehör-, Tast-, Geschmacks- und Geruchssinn liefern mittels der Wahrnehmungsorgane die Informationselemente, die sich im Gehirn zu Erlebnisgestalten verdichten. Psychophysiologische Vorgänge, die Mechanismen der Wahrnehmung bestimmen die Art unseres Erlebens, bestimmen, was wir wie erleben. Sie bewirken eine mehr oder weniger individuelle Veränderung der aufgenommenen und gespeicherten Information, wodurch verschiedene Grade an Objektivität (Subjektivität) in unserem Erleben entstehen.

Da für unser Thema die optischen Sinneseindrücke die wichtigsten sind und da dieses Gebiet auch in der Medizin bisher am gründlichsten erforscht worden ist, werden wir hauptsächlich die Mechanismen der visuellen Wahrnehmung betrachten.

2.1. Psychophysiologische Vorgänge der Wahrnehmung.

Das Auge ist ein komplexes Sinnesorgan. Innerhalb seiner Schutzhüllen enthält jedes Auge eine Lage von Rezeptoren, ein Linsensystem zur Focussierung des Lichts auf diesen Rezeptoren und ein System von Nerven zur Leitung von Impulsen, die von den Rezeptoren zum Gehirn gelangen. Das Auge wandelt Energie im sichtbaren Bereich des Spektrums in elektrische Spannungen um. Bei diesem Vorgang werden die Objekte der Umgebung auf der Retina abgebildet und die auftreffenden Lichtstrahlen verursachen die Bildung von Spannungen in den Stäbchen und Zapfen; aus der Retina werden dann Impulse zur Hirnrinde geleitet, wo es zur Entstehung der Gesichtswahrnehmung kommt.(1)

Die Wahrnehmung findet also letzten Endes nicht im Auge, sondern im Gehirn statt. Das Auge ist lediglich das Instrument, welches das Rohmaterial für die Sinneswahrnehmung liefert. Bis das vom Auge aufgenommene Material für den agierenden und reagierenden Menschen in einer verwendbaren Form ist, durchläuft es verschiedene Umformungsprozesse.

Die folgenden Ausführungen sind teilweise hypothetisch und haben Modellcharakter, was größtenteils auf die enormen Schwierigkeiten beim Messen neurologischer Vorgänge zurückzuführen ist. Auch ist der Gelehrtenstreit zwischen der Gestaltpsychologie und der atomistischen Auffassung sicherlich noch nicht beendet, wenngleich sich anscheinend eine teilweise Synthese, wie sie D.Katz 1948 in Aussicht stellte, z .B. bei D.Betz 1974, abzeichnet. Die ursprünglich so stark hervorgehobene Unvereinbarkeit der beiden Theorien ist anscheinend geringer, als zunächst erwartet. Und anstatt sich gegenseitig auszuschließen scheint es doch eher, daß sich, bei entsprechender Handhabung, die beiden Modelle großenteils ergänzen.

Wenn wir einen Gegenstand wahrnehmen, so gelangt die Information über diesen Gegenstand in codierter Form, d.h., in Form einer Erregung einer jeweils ganz bestimmten Kombination von Zellen ins Gehirn. Die Einzelzellen, die dabei erregt werden, sind sozusagen selbst die Codezeichen, die das Vorhandensein eines für jede Zelle im Voraus programmierten Inhalts (Eigenschaften des Gegenstandes) signalisieren. Nun sagt die Aktivierung einer einzelnen Zelle so gut wie nichts aus, da die Eigenschaft, die diese Zelle „empfangen und weitermorsen" kann, sicherlich für sehr viele Gegenstände bezeichnend ist. Erst eine Kombination einer bestimmten Anzahl von Eigenschaften definiert einen Gegenstand hinreichend genau. Die sehr große Anzahl von Zellschichten, die zwischen Auge und Gehirn hintereinander liegen, bilden somit ein Filtersystem, das fähig ist, einen Gegenstand trotz seiner oft enormen Erscheinungsvielfalt auf eine ganzheitliche Nachricht über seine wesentlichen Eigenschaften zu reduzieren. „Denkt man sich die verschiedenen Eigenschaften als Achsen in einem Koordinatensystem, dann entsteht ein Raum, der hypothetisch ist und „Eigenschaftsraum" genannt wird." (2). So liegt z.B. dem Begriff „Haus" ein anderer Eigenschaftsraum zugrunde als dem Begriff „Baum", wenngleich sich beide in einzelnen Eigenschaften decken. „Eiche" und „Kiefer" belegen verschiedene Eigenschaftsräume, die sich aber doch zumindest in ihrem zentralen Bereich, nämlich dem Eigenschaftsraum „Baum" überlagern.

Nehmen wir einen Gegenstand immer wieder wahr, so verfestigt sich mit der Zeit der Zusammenhang zwischen den gleichzeitig erregten Zellen, die die Eigenschaften des Gegenstandes kennzeichnen. Es entsteht eine Schablone. Diese Schablone ist abrufbar und tritt jedesmal dann, und zwar ganzheitlich, auf, wenn der zugehörige Gegenstand, und sei es auch nur mittels weniger (aber prägnanter) Haupteigenschaften, signalisiert wird. Mit jedem erneuten Abruf der Schablone wird diese selbst besser gebahnt und dadurch besser abrufbar. Andererseits werden aber auch Eigenschaften, die im Einzelfall vielleicht gar nicht vorhanden sind, aus dem Speicher des Gehirns ergänzt; „sie sind phänomenal mitgegeben, sobald die Kategorie ausgegrenzt ist (Eiche

= knorrig und hart). Im allgemeinen reicht es zur Orientierung aus, statt des einzelnen Gegenstandes die Klasse einzusetzen, der er zugehört, d.h., seine Individualeigenschaften zu vernachlässigen und an ihrer Stelle die Eigenschaften der ganzen Kategorie zu substituieren." (3). Natürlich stehen hier die optischen Eindrücke nicht isoliert: Die Eindrücke der fünf Sinne addieren sich und ergeben einen abgerundeten Eindruck.

Eine der wesentlichen Eigenschaften, die den Menschen vom Tier unterscheidet, ist die Fähigkeit zu denken. Der Mensch kann einerseits Eindrücke und Erfahrungen, auch wenn diese äußerlich zunächst nicht miteinander verbunden zu sein scheinen, kombinieren und gelangt dadurch zu neuen Erkenntnissen. Andererseits kann er Erkenntnis- und Verhaltensfehler, die durch das Auftreten einer lediglich phänomenalen Kausalität zustande gekommen sind, korrigieren, indem er durch das Denken die Eigenschaften der Dinge und deren Bezüge untereinander auf ihre Wesentlichkeit hin überprüft und somit die nur oberflächliche Kausalität als solche erkennt.

Wir können das Denken in physiologischer Hinsicht betrachten als eine Verschaltung einzelner Zellen oder Zellkomplexe mit verschiedenen (äußerlichen) Bedeutungen (‚aber wesentlichen inneren Bezügen') untereinander, so daß sich daraus neue Bedeutungen (Erkenntnisse) ergeben. Durch die Einbeziehung der Denkfunktion ist das Filtersystem zu einem echten Erkenntnisorgan ausgeweitet worden. Dieser Apparat verändert sich mit den Erkenntnissen über die Umgebung. Was durch Denken oder Erfahrung an Information über die Umwelt gewonnen wurde, geht auf diese Weise sofort auch in die Wahrnehmung ein und kann die wahrgenommene Welt verändern.

Dieser erhöhte Grad der Kombinationsfähigkeit und der Erkenntnisbildung ist zum größten Teil dem Menschen vorbehalten. Dabei unterscheiden sich aber grundsätzlich „die primitive und die höher differenzierte Erkenntnisleistung nicht darin, daß die erstere andere Gegebenheiten vermeldet, als die letztere: Diese erfaßt nur mehr Einzelheiten derselben außersubjektiven Wirklichkeit. Das einfachere Weltbild ist, mit dem am höchsten differenzierten verglichen, keineswegs verzerrt, sondern nur in einem unvergleichlich viel gröberen Raster wiedergegeben." (4) Trotzdem reagiert die Wahrnehmung des Menschen oft genau wie die eines Tieres und läßt sich durch plumpe Attrappen in die Irre führen." (5) Dies trifft vor allem für den unbewußten Bereich unseres Erlebens zu. Hier hat, nicht wie im bewußten Bereich, das Denken, sondern das Gefühl die Herrschaft.

2.2. Betrachter und Objekt.

Der Mensch kann ein- und dieselbe Sache oder Situation zu verschiedenen Zeitpunkten oder in verschiedener Umgebung ganz verschieden erleben. Genauso, wie zwei Menschen dieselbe Sache oder Situation meistens, wenn nicht immer, verschieden erleben. Das hat mehrere Gründe:

1. ist die Umgebung der Objekte und des erlebenden Subjekts ständigen Veränderungen unterworfen.
2. verändern sieh lebende Objekte, wie z.b. Bäume, in Abhängigkeit von Urnweltfaktoren, wie atmosphärischen oder sonstigen physikalischen Einwirkungen von außen, aber auch durch subjektive Erfahrungen und Erlebnisse in der Geschichte des Objekts, die durch Wachstum und Entwicklung bedingt sind. Selbst tote Gegenstände verändern ihr Gesicht durch Einflüsse aus der Umgebung.
3. verändert sich der erlebende Mensch selbst und seine Wahrnehmung ständig, eben durch das Wahrgenommene und im Denkprozess verarbeitete, wie wir im vorigen Abschnitt gesehen haben.

Dazu kommt noch die, durch die Gesetze der Vererbung bedingte, unendlich große Variationsmöglichkeit in der Ausbildung der Sinnesorgane beim einzelnen Menschen. Diese läßt selbst beim Unvoreingenommenen, z.B. beim Neugeborenen, die Wahrscheinlichkeit, daß ein- und derselbe Gegenstand von zwei Individuen vollkommen gleich erlebt wird, gegen minus unendlich gehen. Allerdings sind diese Abweichungen meist so gering, daß sich trotzdem eine Konvention in der Beurteilung von Wesen und Beschaffenheit konkreter und sogar abstrakter Dinge entwickeln konnte, wie es die Sprache ist. Umgekehrt ließe sich sagen, daß die Grob- bzw. Feinkörnigkeit einer Sprache - wenn dieser Vergleich aus der Photographie erlaubt ist - abhängt vom Grad der Übereinstimmung der Individuen im Erleben der Umwelt.
Daß und inwieweit Teile der Umwelt verschieden oder gleich erlebt werden, hängt (neben den besprochenen Gründen) auch großenteils von der Art, d.h., der Komplexität oder Einfachheit der Abstraktheit und der Konkretheit des erlebten, bzw. beobachteten Objekts ab.

2.3. Grade der Wahrnehmbarkeit.
(Verschiedene Eigenschaften der Objekte.)

Je stärker eine Sache untergliedert ist, und je mehr Facetten sie den verschiedenen Perspektiven darbietet, um so schwieriger wird es, im Erkennen ihrer Form und im Auffinden ihres Wesens überein zu kommen. Bei vielen Dingen, oder Qualitäten von Dingen in unserem Leben ist nun eine solche Übereinkunft kaum oder gar nicht möglich. Sie können nur subjektiv empfunden werden, d.h., sie entziehen sich einer objektiven Beurteilung.

Um unser Thema weiter zu führen müssen wir uns im Folgenden eines Modells (das man als solches nicht überschätzen und verabsolutieren darf) bedienen. Wir teilen unsere Welt ein in drei Kategorien von Dingen und Nicht-Dingen:

2.3.1. Subjektiv empfindbare Umwelt.

Als subjektiv empfindbare Dinge bezeichnen wir solche, die weder mit physikalischen Methoden messbar, noch mit mathematischer Logik definierbar sind. Eine Grenze zwischen „objektiv messbar" und „subjektiv empfindbar" wird von den menschlichen Sinnesorganen gezogen, die, einerseits keine kontrollierbaren Messinstrumente im Sinne der Physik darstellen, andererseits aber doch die Grundlage jeder physikalischen Beobachtung, und damit deren Maßstab bilden. Gerade diese Kategorie von Dingen bringt den Menschen seit seinem Bestehen immer wieder in Schwierigkeiten. Vor allem, wenn er es nicht bemerkt, oder sich nicht damit abfinden kann, daß er diese Dinge eben nicht objektiv erfassen kann. Diesen beiden Fehlern fällt der Mensch häufig zum Opfer. Sie tragen wahrscheinlich keinen geringen Teil der Schuld daran, daß die subjektive Art, das Leben, und vor allem die „ungesonderten Dinge" zu betrachten, so sehr in Verruf geraten ist. Der Psychologe D. Betz spricht in diesem Zusammenhang von dem „Auftreten einer phänomenalen Kausalität". Er meint damit die gegenseitige Zuordnung real nicht zusammenhängender Erscheinungen. Aus einem äußeren Zusammenhang zweier Erscheinungen, z.B.,der Gleichzeitigkeit zweier Ereignisse, wird auf eine innere Beziehung der beiden zueinander geschlossen. „Das magische, bzw. abergläubische Verhalten bei Menschen ist z.B. nichts anderes als ein Zeichen dafür, daß die Kategorie der phänomenalen Kausalität verhaltensrelevant geworden ist."(6) „Der primitive Mensch hat das magische Weltbild geschaffen, ein Weltbild, in dem noch alles, wie allein durch ein gemeinsames Prinzip verknüpft erscheint. Es sind sehr feste Bande, durch die dieses

14

Prinzip alles was geschieht zusammen schmiedet.

Wirklichkeit und Traum und Spiel sind noch nicht von einander geschieden. Gefühle, mehr als andere die Furcht, verwischen die Grenzen zwischen den verschiedenen Schichten seelischen Geschehens."(7) Für den Primitiven „sind alle mythisierten Naturvorgänge ... symbolische Ausdrücke für das innere, unbewußte Drama der Seele, welches auf dem Wege der Projektion, d.h., gespiegelt in den Naturereignissen, dem menschlichen Bewußtsein faßbar wird. Die Projektion ist dermaßen gründlich, daß es einiger Jahrtausende Kultur bedurfte, um sie auch nur einigermaßen vom äußeren Objekt zu trennen." (8)

Wir bewegen uns hier allerdings bereits auf einem speziellen Gebiet der subjektiven Erfahrung, auf welches wir ausführlicher unter 3. zu sprechen kommen werden.

2.3.2. Objektiv messbare Umgebung.

Zur objektiv messbaren Umgebung rechnen wir alle die Dinge, die physikalisch messbar, oder mit mathematischer Logik beweisbar sind. Natürlich schließt das nicht aus, daß diese Dinge auch subjektiv erlebt werden können. Die Zeit z.B., ist einerseits mit mechanischen Mitteln messbar, und doch kann andererseits Dauer, wie jeder weiß, sehr unterschiedlich erlebt werden.

Es gibt viele Dinge, deren Eigenschaften nur zum Teil objektiv messbar sind, die im übrigen aber subjektiv empfunden werden. Zu diesen gehören die Bäume, deren Höhe, Stammumfang, Kronendurchmesser, Schattenwurf, Lärmdämmungsfaktor, O2 - Produktion, etc., objektiv gemessen werden können. Im übrigen haben sie aber eine ganze Menge von Eigenschaften, die nur subjektiv oder auch intersubjektiv erlebt werden können. Sie sind auffallend, unscheinbar, ruhig, bewegt, einfach, vielfältig (9). Darüber hinaus haben sie einen symbolischen Verflechtungsbereich, wie kaum ein anderes Objekt in unserer belebten und unbelebten Umgebung.

Die objektiv erfaßte, „reale" Welt läßt keine Rückschlüsse von äußeren Zusammenhängen auf innere zu. Äußere (phänomenale) Kausalität wird als solche erkannt. Hier findet eine absolute Trennung von Subjekt und Objekt statt. Die objektiv erfaßte Umwelt rein unpersönlicher Natur wird als die einzige Wirklichkeit aufgefaßt, d.h., es gibt im praktischen Leben keine Bedeutungen, die sich nicht direkt aus der greifbaren Realität ableiten lassen. Die getroffenen Aussagen haben allgemeine Gültigkeit und erfahren allgemeine

Anerkennung. Interessant ist in diesem Zusammenhang folgende Äußerung: „Insofern sich die Gesetze der Mathematik auf die Wirklichkeit beziehen, sind sie nicht sicher; und insofern sie sicher sind, beziehen sie sich nicht auf die Wirklichkeit." Sie stammt von A. Einstein.

Daß sich die objektivierende Auffassung der Dinge in den letzten Jahrtausenden gegenüber der subjektiven so stark durchgesetzt hat, mag, außer in den geschichtlichen Wandlungen, sicher auch mit in den Mechanismen der Wahrnehmung begründet sein. Ein deutliches Zeichen hierfür stellt wohl die starke, wenn auch hauptsächlich oberflächliche Entmythologisierung unserer Welt dar.

2.3.3. Intersubjektiv erlebte Umwelt.

Als ein Teilbereich der subjektiv erlebbaren Umwelt läßt sich die intersubjektiv erlebte Umwelt definieren. Zwar trifft für diese, ähnlich wie für die objektiv messbare Umgebung zu, daß ihre Objekte (und deren Inhalte und Qualitäten) allgemein gekannt und von allen Menschen in gleicher Weise anerkannt werden. Dennoch haben intersubjektive Erfahrungen und Erlebnisse wesentlich nichts mit objektiv quantifizierbaren Erfahrungen und Feststellungen gemein. Sie kommen, wie subjektive Auffassungen, zustande durch das Schließen von äußeren Zusammenhängen auf innere; nur geschieht das hier nicht in individuell verschiedener Weise, sondern die getroffenen Rückschlüsse sind allen Individuen der ganzen Gesellschaft gemeinsam. Sie sind weder an Völker oder Kontinente, also an Orte, noch an Epochen der Geschichte, also an die Zeit, gebunden.

C.G.Jung hat aufgrund dieser Erscheinung den hypothetischen Begriff des „kollektiven Unbewußten" geprägt: „Das kollektive Unbewußte hat,(im Gegensatz zur persönlichen Psyche) Inhalte und Verhaltensweisen, welche überall und in allen Individuen cum grano salis dieselben sind. Es ist, mit anderen Worten, in allen Menschen sich selbst identisch und bildet damit eine in jedermann vorhandene, allgemeine seelische Grundlage überpersönlicher Natur." (1O) Die Inhalte des kollektiven Unbewußten sind die sog. „Archetypen".

Das intersubjektive Erleben bildet somit die Basis für einen großen Teil der gesellschaftlichen Konventionen. Da in diesem Bereich die Erfahrungen aller Individuen gleich oder ähnlich sind, wird auch die Wirklichkeitstreue dieses Erlebens nicht in Frage gestellt. Messbare physikalische Beweise werden nicht benötigt und sind auch, wie jeder weiß, sowieso nicht erstellbar. D.h., damit eine Sache als wirklich angesehen wird, ist es nicht unbedingt nötig, daß sie materiell greifbar, bzw. quantifizierbar ist. Auch die Übereinstimmung in der Erfahrung vieler Individuen gilt als hinreichender Beweis für ihre wirkliche Existenz.

„Unser Nachbar mag dieselbe Uhr haben wie wir; er hat deshalb noch nicht dieselbe Zeit. Die Zeit verteilt sich nach verschiedenen Schlüsseln auf die Individuen. Doch gibt es Ähnlichkeiten, sonst würden Musik und Tanz unmöglich sein. Feste, Liebesnächte sind generelle, sind ungeteilte Zeit.(ll)

3. Bewußtes und unbewußtes Erleben des heutigen Menschen.

„Das Unbewußte ist jene Psyche, die aus der Tageshelle eines geistig und sittlich klaren Bewußtseins hinunterreicht in jenes Nervensystem, das als Sympathicus seit alters bezeichnet wird und nicht wie das Cerebrospinalsystem Wahrnehmung und Muskeltätigkeit unterhält und damit den umgebenden Raum beherrscht, sondern ohne Sinnesorgane das Gleichgewicht des Lebens erhält und auf geheimnisvollen Wegen durch Miterregung nicht nur Kunde vom innersten Wesen anderen Lebens vermittelt, sondern auch auf dieses innere Wirkung ausstrahlt. Es ist in diesem Sinne ein äußerst kollektives System, die eigentliche Grundlage aller participation mystique, während die cerebro-spinale Funktion in der Absonderung der Ichbestimmtheit gipfelt und stets nur durch das Medium des Raumes Oberflächen und Äußerlichkeiten erfaßt. Letzteres erlebt alles als Außen, ersteres aber alles als Innen." (12)

Gültige, lebendige Symbole werden von allen Mitgliedern einer Gesellschaft in gleicher Weise verstanden. Daß dies so ist, können wir immer und überall beobachten: Alle unsere alltäglichen Verhaltensweisen sind symbolhaft, - jede Geste, jede Handlung oder ihr Gegenteil, angefangen vom Pflanzen eines Baumes bei der Geburt eines Kindes bis hin zum „sich die Hände reichen" oder zum Unterschreiben eines Vertrages. Die heutige Werbung benützt größtenteils die Wirksamkeit von Symbolen, der moderne Massenverkehr wäre ohne die Regelung mit Hilfe von Symbolen ein unübersehbares Chaos.

3.1. Das gestörte Verhältnis von Bewußtem und Unbewußtem beim heutigen Menschen.

Die meisten Symbole bleiben unbewußt. Gerade in unserem technischen Zeitalter, das ja auch das der Symbolarmut genannt wird, weil die Symbole nicht mehr erkannt und in ihrer Bedeutung verstanden werden, scheint es aber wichtig, Symbole, die heute, wie schon vor tausenden von Jahren, immer noch bedeutungsvoll sind, neu zu entdecken, weil sie unsere Träume, unser Unbewußtes und damit auch unser Bewußtsein und unser Verhalten, eben unser ganzes Leben, grundlegend beeinflussen. Wir müssen diese Symbole und ihre Inhalte unserem modernen rationalisierenden Verstand wieder zugänglich machen und dadurch ihre Funktionsfähigkeit im Haushalt unseres Unbewußten gewährleisten. Nur das kann auf die Dauer ein offenes, ausgewogenes Verhältnis zwischen Verstand und Gefühl erwirken.

Was geschieht, wenn der reif gewordene Geist des Kulturmenschen trennende Wände zwischen den verschiedenen Bewußtseinsschichten aufrichtet, wenn er durch analytische Arbeit den Bann des magischen Weltbildes bricht, sieht D. Katz „in gestaltpsychologischer Terminologie" folgendermaßen: „Der geistig mündig gewordene Mensch ersetzt im Gefühl wurzelnde, umfassende Komplexe durch objektive Tatbestände, die mehr aggregativ miteinander verbunden sind. Er ersetzt ein, durch seinen Qualitätenreichtum ausgezeichnetes Weltbild durch ein in Quantitäten erfaßtes, also ein berechenbares Weltbild. Das analytische Denken schafft ja schließlich das atomistische Weltbild, das darauf ausgeht, die Welt überhaupt aller sinnlichen Qualitäten zu berauben und sich mit reinen Quantitäten zufrieden zu geben. Für den Naturmenschen war vieles verstehbar, was für den Kulturmenschen nur noch erklärbar erscheint."(13) In demselben Zusammenhang schreibt H. Sedlmayr: „Die Verlagerung des Schwerpunktes des Menschengeistes zum Anorganischen hin - sein Sicheinlassen ins Anorganische - ist zweifelsohne eine kosmische Störung. Eine Störung, sowohl im Mikrokosmos des Menschen, der nur jene geistigen Fähigkeiten entwickelt, die dem Charakter der anorganischen Welt gewachsen sind, unter Verkümmerung jener geistigen Organe und Fähigkeiten, die dem organischen Leben und dem Leben des Geistes entsprechen, als da sind anschauliche, ganzheitliche, physiognomische und symbolische Erkenntnis. Als auch am anderen Ende, eine Störung in den makrokosmischen Verhältnissen durch eine einseitige Protektion und Propagierung des Anorganischen, die sich in allen Lebensbereichen auswirkt, fast immer auf Kosten des Organischen, was bis zur „Verwüstung" des Lebens führen kann - zum Beispiel in der buchstäblichen Verwüstung der den Menschen ernährenden Erde -, und auf Kosten des eigentlich Geistigen, das gleichfalls „verwüstet" wird. Und schließlich in einer Fixierung des Menschen in der anorganischen Sphäre, durch die Leugnung der Realität jener höheren Weisen des Seins. Der gegenwärtige Zustand des Menschen bedeutet eine Störung, und diese Störung ist zentral eine kosmische und anthropische, und nur peripher eine Störung im sozialen, wirtschaftlichen und kulturellen Feld." (14)

Um zu einem Schluß zu kommen, repitieren wir kurz das bisher gesagte:

1. Die Mechanismen der menschlichen Wahrnehmung haben, neben anderen Einflüssen, bedingt durch ihre mehrfache Filterwirkung, die Auffassungsart des Menschen mit verändert; und zwar von einem ganzheitlichen, qualitativen, subjektivierenden Erleben hin in Richtung auf ein immer mehr aggregatives, quantitatives und möglichst objektives Erfassen. Dieser Vorgang entspricht einer natürlichen Selektion und der damit verbundenen Evolution im Sinne von Konrad Lorenz.

2. Diese Veränderung der Auffassung des Menschen hat das innere Gleichgewicht von Gefühl und Verstand verschoben, so daß einerseits die Ratio überbetont wurde, andererseits die Psyche, d.h., deren Speiche und Quelle, das Unbewußte, als nicht wirklich, weil nicht messbar, und damit als nicht oder nur scheinexistent abgetan, oder besser, verleugnet wurde. Einer der Gründe dafür, auf den vor allem hingewiesen werden muß, ist der, daß der Mensch immer wieder die Inhalte des Unbewußten und des Bewußten durcheinander geworfen hat und nun glaubt, den Folgen dieses Irrtums entgehen zu können, indem er den unbequemen Ballast aufs hartnäckigste ableugnet.

3. Daß die Inhalte des Unbewußten nicht als solche, und nur als solche erkannt und in der Folge negiert werden hat zu einer weltweiten Krise im materiellen und immateriellen Bezugsbereich geführt.

3.2. Schritte zur Verbesserung der Situation.

Leider ist es nicht möglich, lediglich aufgrund des bisher erarbeiteten und dargelegten, die Frage, wie wir der psychischen Krise des heutigen Menschen begegnen können, erschöpfend zu beantworten. Selbst die Fachleute der von dieser Frage betroffenen Gebiete verhalten sich hier sehr vorsichtig und sind durchaus nicht immer einer Meinung. Trotzdem muß der planende und gestaltende Mensch sie, so gut als eben möglich, beantworten, weil diese Antwort mit die Maxime bildet, die seine Tätigkeit lenkt und von der somit abhängt, wie sinnvoll und effektiv seine Arbeit, und damit sein Leben ist.

Die enormen Leistungen in Wissenschaft und Technik der letzten Jahrhunderte, die der Bau unserer Wahrnehmungsorgane und Denkorgane ermöglicht hat, sollten in jedem Fall in vollem Umfang anerkannt und in ihrer Bedeutung gewürdigt werden. Und auch in Zukunft wird der Mensch nicht auf die objektivierenden Fähigkeiten seiner Wahrnehmung verzichten können. Wie sollte der Mensch auch fähig sein, die Richtung einer Bahn zu ändern, auf die er geriet, ohne auch nur im geringsten zu ahnen, wohin sie ihn führen würde? Immerhin war der Preis, den der Mensch für diese allzu sehr forcierte Entwicklung bezahlen mußte und noch muß, nämlich die Verleugnung des sinnlichen, Qualitativ erlebenden Unbewußten, für den Menschen als Einheit von Körper, Geist und Seele sicherlich sehr hoch.

Der eingeschlagene Weg des Menschen, der Weg der reinen, ausschließlichen Objektivierung und Quantifizierung seiner Umgebung, kann ohne Schaden nicht fortgesetzt werden. Deshalb ist es wichtig, daß wir:

1. das verleugnete und nicht existent geglaubte Unbewußte in uns neu sehen lernen und es als wirksames und folglich wirkliches Element in unserem Leben erkennen und als solches akzeptieren.
2. versuchen, uns klar zu werden über die Inhalte des Unbewußten, (das sind die Symbole) und deren Bedeutungen verstehen lernen.
3. wir das Unbewußte und das Bewußte als gleichwertige Partner erkennen, die sich nicht ausschließen, sondern gegenseitig ergänzen.

Natürlich darf man diesen Weg nicht mißverstehen als eine Rückkehr in die primitive Vergangenheit des Menschen, in den Schoß des Unbewußten. Eine Flucht nach rückwärts wäre sinnlos, ja geradezu unheilvoll im höchsten Grade. Das Ziel ist keine Remythologisierung, sondern eine Durchleuchtung der allzu sehr verdunkelten Schichten des menschlichen Bewußtseins, welche zu einem neuen, der äußeren und inneren Wirklichkeit adäquateren Bild des Menschen und der Welt führen soll.

4. Die symbolischen Bedeutungen des Baumes.

Im folgenden wollen wir versuchen, anhand von Literatur aus verschiedenen Fachgebieten die symbolischen Bedeutungen des Baumes im indoeuropäischen Kulturkreis im Laufe der letzten sechs bis acht Jahrtausende darzustellen und im Anschluß daran ihre Relevanz für den heutigen Menschen zu untersuchen.

Der Baum gehört zu jenen Mythologemen, die eine zentrale Stellung einnehmen und bei universaler Verbreitung überall den größten Beziehungsreichtum aufweisen."(15) Um seine verschiedenen Aspekte möglichst klar zu erfassen, werden wir die hauptsächlichen Bedeutungen einzeln behandeln. Zwar treffen wir des öfteren auf Überschneidungen oder auch Widersprüche zwischen den einzelnen Aspekten, so daß sich gelegentliche Wiederholungen nicht vermeiden lassen. Wir werden die einzelnen Symbolbedeutungen vor allem unter den Gesichtspunkten der Mythologie, des Brauchtums und der Sprache betrachten. Um aber das jeweilige Gesamtbild nicht mehr als nötig zu stören, werden wir diese Gliederungsaspekte nicht nochmals voneinander trennen.

4.1 Der Weltenbaum.

Der Baum steht als Sinnbild für den Kosmos bei den meisten Völkern am Anfang ihrer Menschheitsgeschichte. Der erste Mensch entsteht am Mittelpunkt der früher flach vorgestellten Erde. Dort steht auch der Weltenbaum, der zugleich Baum des Lebens und oft auch der Erkenntnis sein kann.

Eines von vielen Beispielen finden wir in der Stammesgeschichte der sibirischen Yakuten, welches wegen seiner umfassenden Symbolik verschiedentlich zitiert wird. Es heißt dort: „Above the wide, motionless deep, under the nine spheres and the seven storeys of heaven, at the most central place, where the moon does not wane and the sun does not set, where eternal summer reigns and the cuckoo calls unceasingly, there the White Youth found himself."(16) Dort, am „goldenen Nabel der Welt", so heißt es weiter, erhebt sich ein mächtiger Berg und auf diesem steht ein großer Baum, „dessen Spitze sich über die neun (bei anderen Autoren auch sieben) Himmel erhebt."

Der Baum wird bewohnt von einer Frau, einer frühen Göttin, die zur hälfte aus dem Stamm des Baumes ragt. Sie hat weißes Haar und große Brüste. Mit ihrer Milch ernährt sie den ersten Menschen. Sie ist weise: Sie lehrt ihn, ein Gott und eine Göttin aus dem dritten Himmel hätten ihn gezeugt und zum Urvater der Menschheit bestimmt. Unter den Wurzeln des Baumes entspringt eine Quelle mit dem Wasser des Lebens.

Dieser Bericht vom Anfang der Menschheit geht allerdings, wie M. Eliade in Anlehnung an Harva schreibt, zurück auf Prototypen, die sich im alten Orient finden, in Indien, (wo Yama, der erste Mensch, neben einem Wunderbaum mit den Göttern trinkt; Rig Veda X,135,1) und im Iran (Yima teilt auf dem kosmischen Berg Menschen und Tieren die Unsterblichkeit mit; Yasma, 9,4 ff.; Vidvdat, 2,5). Auch in der Mitte des biblischen Gartens Eden finden wir den Baum, wenn auch in erster Linie als Baum des Lebens und der Erkenntnis. „Und Gott der Herr ließ aus dem Erdboden allerlei Bäume aufsprießen, lieblich zum Anschauen und gut zur Nahrung, den Lebensbaum aber mitten im Garten und auch den Baum der Erkenntnis von Gut und Böse." (Gen.,2,9) Daß das Wasser der vier Ströme, die dort entspringen, dem Wasser des Lebens in der Geschichte der Yakuten verwandt ist, liegt nahe. Auch weist die Vierzahl der Ströme symbolisch auf die Zentralität des Ortes hin. Das kennzeichnet den Paradiesesbaum nach E.A.S. Butterworth auch als Weltenbaum.

Bei den Germanen ist das Symbol des einheitlichen, organischen Weltalls ein Baum: Die Weltesche Yggdrasil. In der älteren Edda, in der Voluspa, spricht die Seherin:

„Eine Esche kenn ich, Yggdrasil heißt sie,
Den gewaltigen Baum netzt weißes Naß;
Von dort kommt der Tau, der die Täler befeuchtet;
Immergrün steht er an der Urd Quelle." (17)

Drei weise Jungfrauen, die Nornen Urd, Werdandi und Skuld, wohnen „am Stamme des Baumes,… des Lebens. Lose legen sie fest den Menschenkindern, der Männer Schicksal." Die Weltesche „wurzelt tief im Innern der Erde. Sie bildet neun Räume, neun Welten", was wir in Übereinstimmung mit M. Eliade als einen Hinweis auf eine Verwandtschaft mit den Vorstellungen der nordasiatischen Schamanen, zu denen auch die Yakuten zählen, werten dürfen.

4.1.1.Der Baum am Nabel der Welt.

Von besonderer Wichtigkeit ist zunächst der zentrale Standort des Weltenbaumes: Er steht fast ausnahmslos in allen Mythologien am Nabel der Erde. Dieser „Nabel der Erde" stellt ein Symbol dar, das einen hohen Verflechtungsgrad, und damit eine weitreichende Bedeutung hat. Diese hat Butterworth in „The Tree at the Navel of the Earth" ausführlich gezeigt und anhand einer Menge von Beispielen belegt. Da das Verständnis dieses Symbols für das der Baumsymbolik Butterworths wichtig ist, werden wir im folgenden auf die Ausführungen Butherworths eingehen. Er gebraucht für das Symbol das Wort „Omphalos", was gewöhnlich Nabel, aber auch Nabelschnur und Keim des Samenkornes bedeutet. Als Zeichen tritt uns der Omphalos immer wieder in der archaischen und auch späteren Kunst entgegen: auf Zylinder-siegeln aus Cypern, Syrien, Palestina und Akkad, auf mykenischen Gemmen, auf indischen Wandmalereien, u.v.a. In der Aufsicht wird er durch zwei kon-zentrische Kreise dargestellt, in der Seitenansicht als Tumulus, dessen Form Butterworth mit der eines Bienenkorbes vergleicht.

Der Omphalos bezeichnet eine Öffnung in der Erdoberfläche, und zwar an einem zentralen Ort, dessen Zentralität aber nicht geographisch bestimmt ist. Er bildet wie der Tumulus (Grabhügel) einen Zugang zur Unterwelt. Er ist der Nabel der Welt, an dem auch der Weltenbaum steht.

Die Inseln, auf denen Calypso und Circe wohnen, deutet Butterworth als „omphaloi of the sea". Calypso, die wie Circe singt und an einem Webstuhl (des Lebens; vgl. die Nornen der Edda!) arbeitet, lebt auf Ogygia. Am Ein-gang zu ihrer Höhle (Öffnung der Erde,- Verbindung zur Unterwelt) wächst ein Weinstock, der auch in der Bibel an mehreren Stellen (z.B.Henochbuch) mit dem Baum des Lebens gleichgesetzt wird. Wie in Eden gibt es auf Ogy-gia vier Bäche und in den Bäumen um die Höhle sitzen zahlreiche Vögel (, auf deren symbolische Bedeutung wir noch zu sprechen kommen werden).

Als Vater der Calypso wird u.a. Atlas genannt, der die Himmelspfeiler (eine Abwandlung des Weltenbaumes) stützte.

Auch in anderen Sagen und Darstellungen finden wir den Baum in Verbin-dung mit dem Nabel der Welt. Dem Zentrum oder Nabel der Erde entspricht ein Zentrum im Himmel und die beiden sind verbunden durch eine Achse. „The notion of a centre to the disc or plate of the earth disappeared, when the earth was conceived as a sphere, and was replaced by that of an axis, which took place in Greece before the Christian era" (18).

4.1.2. Der Baum als „axis mundi".

Die Achse zwischen Himmel, Erde und Unterwelt bildet immer wieder der Weltenbaum. In späteren Entwicklungen wird er zum Pfeiler, zur Säule. Be-sonders eng verbunden mit dem Baum ist der Stein, der Felsen, der Berg. Oft finden wir, daß sich Berg und Baum ergänzen, oder sogar ersetzen. M. Eliade bezeichnet die beiden als „kultisches Binom". Beide bilden gleichermaßen die kosmische Achse, die Weltsäule, die sowohl aus Holz, als auch aus Stein ist. „The cult of tree and pillar were essentially one and the omphalos may be seen as the base of either."(18)

Große Bedeutung hat der kosmische Baum bei den nordasiatischen Schamanen. „Aus seinem Holz fertigt der Schamane seine Trommel; die rituelle Birke erkletternd, steigt er in Wirklichkeit zum Wipfel des kosmischen
Baumes." (19) „Da die Trommel und die Trommelstöcke des Schamanen
von dem Holz des Weltenbaumes selbst genommen sind, wird der Schamane
beim Trommeln auf magische Weise an den Weltenbaum versetzt: Er ist ins
Zentrum versetzt und damit kann er auch zu den Himmeln aufsteigen. ..."
Dieser (und andere) Bräuche zeigen deutlich, daß er tatsächlich aufgehört
hat, ein profaner Baum zu sein und nun den Weltenbaum repräsentiert. (20)
Der Mensch projiziert sich also durch den Baum in den Kosmos; d.h.,
Mensch, Weltenbaum und Kosmos liegen in einer Projektionslinie, wobei
der Baum in der Mitte liegt; -er ist der Mittler.
„ Man versteht diese Vorstellung besser, wenn man sich in jene frühe Zeit
zurück versetzt, da die Milchstrasse im Frühlingsäquinoctium wie ein un-
geheurer, leuchtender, sternenbehangener Baum vertikal über dem irdischen
Beschauer stand. Bis um 4000 v.Chr., und noch darüber hinaus, sahen die
altorientalischen Völker am Himmel dieses großartige Bild. Die nach einem
sagenhaften Fluß benannte Sterngruppe des Eridanos erschien dann wie ein
himmlischer Strom, aus dem der Sternenbaum der Milchstraße emporwuchs.
Wie naheliegend, daß alte Weisheit der Sumerer sich die Welt als einen aus
dem Strom oder Ocean aufsteigenden Weltbaum vorstellte, der mit seinem
Wipfel voll schimmernder Sternenblüten Himmel und Erde überspann-
te!"(21) Vielleicht bildet diese Veränderung des Himmelsbildes mit einen
Grund dafür, daß der Weltenbaum als Bild des Kosmos in den letzten Jahrtausenden immer weniger Beachtung gefunden hat. Immerhin finden wir aber
doch auch aus unserem Jahrhundert noch Spuren, dieses archaischen Weltbildes, in dem der Baum eine so große Rolle spielt.
So berichtet z.B. H. Marzell 1934 von der Verehrung, die die Birke, die ja der
Weltenbaum des Schamanen vor allen anderen ist, in Russland zu der Zeit
noch genoß: „Mädchen bringen mit rituellen Sprüchen Kuchen und andere
Geschenke den Birken als Opfer dar." Ausführlicher erfahren wir von diesem
Brauch aus einer Klageschrift der Priester von Nishni Novgorod aus dem
Jahre 1636: „Am siebten Donnerstag nach Ostern versammeln sich Frauen
und Mädchen unter den Birken und bringen als Opfer Pirogen (Backwerk),
Grütze und Rührei, und, indem sie sich vor den Birken verneigen, fangen sie
an, hin- und widergehend, satanische Lieder zu singen, ...sie nehmen sich
paarweise an der Hand und, an der Birke angelangt, flechten sie die Zweige
dieser Birke ringförmig zusammen und küssen sich durch die so gebildeten
Ringe, und nach diesem ungesetzlichen Küssen nennen sie sich Gevatterin-
nen und gehen auseinander ..." (22)

Vergleichen wir diesen Brauch, das Darbringen von Opfern an den Baum, vor allem aber das Tanzen (Hin- und Hergehen) und das Singen, mit den von Eliade als typisch schamanistisch bezeichneten Riten, (auch weibliche Schamaninnen sind häufig), so können wir schließen, daß es sich hier um Reste eines urmenschlichen Kultes handelt, in dem die Vorstellung des kosmischen Baumes im Mittelpunkt steht.

Auch im mitteleuropäischen Raum finden wir ähnliche Vorstellungen und Praktiken heute noch vor, wenn auch in sehr abgeschwächter und oft bis zur Unkenntlichkeit entstellter Form. So dürfen wir sicherlich im Maibaum eine späte Form des alten kultbezogenen Weltenbaumes sehen. Man findet den Maibaum in ganz Europa. In Bayern gibt es kaum ein Dorf, das nicht am ersten Mai einen solchen aufstellt. Auch der Platz, an dem der Maibaum aufgestellt wird, ist bezeichnend: Er steht in der Mitte des Dorfes, d.h.am Nabel der Welt, wenigstens so lange, als das Dorf für seine Bewohner noch „die Welt" ist. Eine ähnliche Stellung hat der Hausbaum und auch die Dorflinde gehört mit hierher.

Ein berühmter Weltenbaum in der deutschen Geschichte war die Irminsul. „Nach dem Abt Rudolf von Fulda, der etwa 7o - 8o Jahre nach der Bekehrung der Sachsen seine Erinnerungen niederschrieb, war die Irminsul „universa columna quasi sustinens omnia"; sie stand als großer Baumstamm eingegraben unter freiem Himmel. Karl der Grosse stürzte sie 772 im Feldzug gegen die Sachsen."(23)

Im Jahre 725 fällte der Hl. Bonifatius die Donareiche bei Geismar in Hessen. Willibald erzählt in seiner Lebensbeschreibung des Hl. Bonifatius, daß „viele Hessen, die den katholischen Glauben angenommen hatten, und durch die Gnade des siebenfältigen Geistes gestärkt waren, die Handauflegung empfingen. Einige aber opferten heimlich Bäumen und Quellen; andere taten dies ganz offen. Auch trieben etliche offen oder heimlich, Seherei und Wahrsagen und allerlei Zauberwerk; oder sie schauten auf Zeichen und Vogelflug und pflegten mancherlei Opferbrauch. Andere hinwieder waren schon gesunderen Sinnes und hatten allem heidnischen Götzendienst abgesagt. Die rieten und halfen ihm, daß er es unternahm, eine ungeheure Eiche in dem Ort Gaesmere zu fällen, die von alters her bei den Heiden Jupiters- (d.h., Donars-) Eiche hieß. Die Diener Gottes umstanden ihn dabei, aber es kam eine große Menge Heiden herbei. Die verfluchten ihn untereinander als einen Feind der Götter. Er hatte aber erst wenige Hiebe getan, da wurde die gewaltige Masse der Eiche von einem göttlichen Wehen erschüttert, ihre Krone brach, sie stürzte zusammen und zerbarst wie durch höhere Gewalt in vier gleich große Stücke, ohne daß die umstehenden Brüder irgend etwas dazu getan hätten. Als die Heiden dies sahen, die vorher geflucht hatten, da wurde ihr Sinn gewandelt, sie glaubten und priesen Gott. Der heilige Bischof kam aber mit den Brüdern überein, daß sie aus dem Holze des Baumes ein Bethaus bauen und es dem Hl. Petrus weihen wollten." (24)

Auch in dieser Beschreibung finden wir den Weltenbaum, wie in der vorigen die Weltsäule, als zentrale Kultstätte einer Baumreligion mit den charakteristischen Zügen einer schamanistischen Weltanschauung: dem Baum wird geopfert und durch die Vermittlung des Baumes wird die Zukunft wahrgesagt, was auf eine Verbindung zur Unterwelt, zu den verstorbenen Seelen, die die Zukunft kennen, schließen läßt. Interessant ist in diesem Fall auch die Stellungnahme der katholischen Kirche: Sie versucht zunächst, das Heidentum radikal auszurotten. Da dies aber nicht ohne weiteres möglich ist, werden die Symbole weiterverwendet: das Holz der Eiche dient zum Kirchenbau, und selbst der Gott, dem der Baum geweiht war, wird, wenn auch nur in der Funktion eines Concierge, übernommen (Petrus ist der Gewitterheilige). Dieser Diskriminierung des Baumes und des mit ihm verbundenen Kultes durch die judäochristlichen Glaubensorganisationen werden wir noch öfters begegnen.

Fassen wir zunächst die wichtigsten Eigenschaften des Weltenbaumes zusammen:

1. Er steht an zentralem Ort, am Nabel der Welt, wo auch die Menschheitsgeschichte beginnt.

2. Er bildet als Baum oder Säule, aber auch synonym als Berg die Weltachse, die die drei Weltgegenden Himmel, Erde und Unterwelt miteinander verbindet. Diese Achse bezeichnet für den Menschen den Weg, auf dem er von einer Welt in die andere gelangen kann.

3. Er ist Sinnbild des Kosmos, mit dem der Mensch eins werden kann. Das erreicht der Mensch, indem er, entweder wie im Schamanismus durch Besteigung, Tanz (ekstatisch), oder, wie im indischen Yoga durch Meditation (enstatisch), die Bedingungen, die sein Körper ihm stellt, aufhebt und als nicht mehr materiell faßbares Wesen die dem Menschen normalerweise gesetzten Grenzen von Raum und Zeit überschreitet.

4.2. Der Baum des Lebens.

Schon immer war der Baum dem Menschen ein Sinnbild des Lebens und mithin des Todes. Alle Phasen, die der Mensch im Laufe eines Lebens durchschreitet, kann er am Baum in einem einzigen Jahr beobachten - und das jedes Jahr von neuem. So ist es nicht erstaunlich, daß es für den ganzheitlich wahrnehmenden Menschen (d.h., den unbewußt wahrnehmenden) keinen absoluten Tod geben kann. Jedes Jahr erlebt er von neuem das Wunder der Wiedergeburt, der Auferstehung des Lebens. Diese alljährliche Erneuerung des Lebens in der Natur weist über das materielle und objektiv wahrnehmbare hinaus. Die Urkraft der Zeugung und der Fruchtbarkeit offenbart sich mit solcher Vehemenz, daß selbst der moderne, alles rationalisierende Mensch sich der Wirkung dieses Schauspiels kaum entziehen kann.

> La vie est une cerise,
> La mort est un noyau,
> L'amour un cerisier.
> (J. Prevèrt)

4.2.1.Der Mensch stammt vom Baume ab.

Eine wichtige Voraussetzung für den Analogieschluß von der Unsterblichkeit des Baumes auf die des Menschen, ist die Vorstellung, daß der Mensch direkt oder indirekt vom Baum abstammt. Wir finden diese Vorstellung bei den meisten Völkern, welche nicht von den jüdisch - christlichen Religionen beeinflußt worden sind.
Bei den Germanen wurde das erste Menschenpaar von den Asen aus Bäumen geschaffen: Der Mann aus einer Esche (ask), und die Frau aus einer Ulme (embla). Der erste Yakute kommt, wie wir schon gesehen haben (S. 21) aus dem Baum. „Nach iranischer Überlieferung flossen die sieben Metalle aus dem Körper des Urmenschen Gayomard in die Erde. Daraus entstand die Reivaspflanze, aus welcher Mahrya und Mahryana, die ersten Menschen hervorkamen." (25) „Les Phrygiens croyaient, que le genre humain était né d'un pin ou d'un sapin et que la mère d´Atys a été fécondée par un grand mûre." (26) Jung leitet aus seinen Untersuchungen ab, daß der Baum als Anthropos, bzw. als Selbst aufzufassen sei: „Der Baum ist sozusagen eine Wandlungsform des Menschen, indem er einerseits aus dem Urmenschen hervorgeht, andererseits zum Menschen wird." (25)
Jeremias (2,27) verfluchte die, welche zum Baume sagten: „Mein Vater bist du!" Auch hier sehen wir wieder die Feindschaft des biblischen Gottes gegen den Baum und die Herrscher und Völker, die dem Baum anhängen. Ähnliche Stellen finden wir bei Jeremias (3,6), bei Daniel (4, 10-12), bei Hesekiel (17,3,ff. und 31,3ff.). Auch in der Genesis können wir die Verleugnung des Baumes feststellen: Adam kommt nicht aus dem Baum, „the Great Mother did not bear him. He was made of mere dust of the earth, and God breathed

life into him. Adam is humbled, even if Eve is brought lower still, and the Lord God is exalted." (27) Der biblische Schöpfungsbericht bildet eine Ausnahme unter allen anderen: Die Frau ist das letzte Lebewesen in der Reihe der Schöpfungen Gottes. Sie entsteht aus dem Körper des Mannes, „Man bears woman, not woman man. „Butterworth sieht darin „an attempt of a patriarchal world to obliterate notion of matriarchality."(27)
Trotzdem läßt sich eine gewiße Widersprüchlichkeit in dem biblischen Schöpfungsbericht nicht leugnen, denn „Adam hieß sein Weib Eva, darum daß sie eine Mutter ist aller Lebendigen." (Gen. 3,20) - und das, bevor noch ihr erster Sohn geboren war. Trotz aller Bemühungen der Genesis, die Vorstellung von einer Urmutter auszulöschen, scheint es dennoch so, als ob Eva in gewisser Weise mit dieser verwandt sei. In einer späteren jüdischen Sage ist die Rede von Adams erster Frau Lilith, welche identisch mit der Schlange ist. (28) Diese Lilith, die wir auch als frühere Erscheinungsform oder als Teilaspekt Evas betrachten können, die Mutter aller Lebendigen, ist somit nichts anderes als die Urmutter in anderen Schöpfungsgeschichten. Auch die Schlange, die mit dieser ja in sehr enger Verbindung steht, finden wir bei den meisten anderen Völkern am Fuße des Welt- oder Lebensbaumes. So z.B. in der germanischen Mythologie in der Abwandlung des Drachen Nidhogg, der an den Wurzeln der Weltenesche nagt.
Wir dürfen also annehmen:

1 . daß Adam und Eva nicht die ersten Menschen waren sondern lediglich die ersten Menschen, die diesen Gott kannten, welcher erst relativ spät (ca. 5ooo bis 8ooo v. Chr. Geb.) in der Geschichte der Menschheit auftaucht.
2. diese Menschheit bis dahin, und in anderen Kulturkreisen auch später noch anderen religiösen Vorstellungen anhing, die in enger Verbindung zum Baum und den mit diesem verbundenen Kräften und Wirkungen standen,
3. dieser biblische Gott, der im Gegensatz zu anderen, ein ausschließlich patriarchalisches Prinzip vertritt, mit allen Mitteln versucht, diese älteren und ihm anscheinend wesentlich widersprechenden Religionen und die mit diesen verbundenen Kulturen sowohl in ihrer Ausführung, als auch in der Erinnerung der Menschen, auszulöschen. Das ist ihm auch gelungen, wenn man von einigen Kulturen absieht, die auch das Christentum bis heute nicht erfolgreich zu missionieren vermocht hat, und wenn man davon absieht, daß auch das Juden- und Christentum die alten Symbole, wenn auch in gewandelter Form und Bedeutung übernommen hat.
4. dürfen wir, unter Anlehnung an die bisher genannten Autoren annehmen, daß der Baum als Ursprung des Menschen ein festes Bild des kollektiven Unbewußten bei der gesamten Menschheit darstellt.

Der Zusammenhang dieser Schlüsse wird klarer hervortreten wenn wir uns erst noch mit anderen Aspekten des Baumes befaßt haben werden.

4.2.2. Der Baum als Symbol und Instrument der Wiedergeburt und der Wandlung.

Die Dualität, die allem Seienden innewohnt, trifft auch auf den Baum zu. Als Symbol und Quelle des Lebens ist er notwendigerweise auch Zeichen und Bewahrer des Todes.
Schon zu Urzeiten wurden vor allem Heroen und Heilige (was oft dasselbe war) unter Bäumen begraben. Der Glaube, daß die Seele des Toten auf den Baum übergehe, und so der Tod überwunden werden könne, bildet einen Hauptgrund hierfür. So ist sicherlich der Baum, wie im neolithischen Ägypten, der ausgehöhlte Baumstamm als Sarg ein Vorläufer auch noch des heutigen Sarges. Z. Mayani sieht auch in der runden Deckelform späterer Steinsarkophage noch einen Hinweis auf die ältere Form des Baumsarges (29). „In Südskandinavien und England sind Baumsärge aus der Bronzezeit bekannt. In alemannischen Heidengräbern wurden ausgehöhlte Eichbäume als Särge gefunden, so am Lupfen in Württemberg. (30) Bei der Ausgrabung eines Bronzezeitlichen Friedhofs bei Mangolding südl. v. Regensburg) habe ich 1970 selbst Gräber freigelegt, in denen sich Reste von Holzsärgen, bzw. Holzbrettern, auf denen die Toten lagen, fanden. Das Aufbahren der Toten auf Totenbrettern, welche dann nach der Beerdigung an bestimmten Bäumen in der Gemeindeflur angenagelt wurden, war in vielen Gegenden Deutschlands, so z.B. im Bayerischen Wald, bis in unser Jahrhundert hinein Brauch. Das Anbringen der Bretter am Baum läßt den Glauben an die Übertragung der Seele (zuerst auf das Brett, und von da auf den Baum) deutlich erkennen. „Im Montafoner Tal (Vorarlberg) heißt noch heute der Sarg „Dotabom" und das Einsargen „Iboma", d.h., Einbaumen. (31) Daß materielle Gründe für den Gebrauch von Holz bei Bestattungen eine Rolle spielen, ist unwahrscheinlich.
„Bei den alten hieß der Sarg die Bahre, bara - das Wort ist doppelsinnig, da es nicht nur ein zu Tragendes, sondern auch ein Tragendes meint. Daher galt auch bei manchen, von einander weit entfernten Völkern der Sarg als Boot, als Fahrzeug für die kosmische Bahn (32).
Das Eichenlaub ist schon in vorgeschichtlicher Zeit für Aschenurnen verwendet worden (33). Auch die Urnen, die moderne Begräbnisinstitute anbieten sind gelegentlich mit Eichenlaub dekoriert oder haben Pinienzapfen als Knäufe.

Neben der Eiche tauchen vor allem die Eibe und die Zypresse immer wieder als Bäume des Todes auf. „Ovid berichtet, daß der Weg zur Unterwelt (Omphalos!) von Eiben überschattet wurde. Bei Totenfeiern bekränzte man sich mit Taxus. (34)
Es gibt mehrere Gründe dafür, daß die Eibe hier eine so große Rolle spielt. Zunächst ist es die hohe Giftigkeit der Eibe, die sie in so direkte Verbindung mit dem Tod bringt. Verschiedene Autoren schreiben, daß der Genuß ihrer Blätter und Zweige, bzw. ein Absud davon für Menschen und einzelne Tiere (z.B. Pferde) tödlich sein kann. „Aber auch schon alleine der Aufenthalt unter Eibenbäumen soll, wie Plinius schreibt, den Ruhenden Schaden zufügen; ja, selbst das Trinken aus Weinbechern, die aus Eibenholz gefertigt waren, könne dem Trinkenden den Tod bringen.
Caesar berichtet in seinem „Gallischen Krieg", daß ein Herrscher der Eburonen, Katuvolkus mit Namen, sich durch das Gift der Eibe, die in großer Menge in Gallien und Germanien wachse, tötete, als die römischen Eroberer siegreich vordrangen. Es scheint, daß diese Eburonen ihre Herkunft vom Baume ableiten (35'), (wie auch der Name schon vermuten läßt). Die Eibe war also, wie der ethnologische Fachausdruck lautet, das „Totem" der Eburonen. Das erinnert wieder an die Mythen von der Erschaffung der Menschen aus Bäumen. ...Mit dem Saft des „Totembaumes" vergiftete sich also der Führer des Stammes. (36)
Bei Shakespeare finden wir die Eibe als Baum der Trauer und des Todes." So erwähnt er die Sitte, Zweige von der Eibe ins Leichentuch zu stecken:

> My shroud of white stuck all with yew
>   0 prepare it;
> My part of death, no one so true
>   Did share it."   (Twefth Night; 1,4)

An einer anderen Stelle spricht der Dichter von der „double fatal yew" einmal, weil ihre Blätter giftig seien und wegen der Verwendung im Totenkult (37).
Ein anderer Grund dafür, daß die Eibe, wie auch der Bux, der Wacholder, die Thuja und andere immer wieder mit dem Tod in Verbindung gebracht werden, dürfte darin liegen, daß sie als immergrüne Pflanzen ein nahe liegendes Symbol bilden für ein Leben, das den winterlichen Tod überwindet. „In bretonischen Friedhöfen gibt es gewöhnlich nur eine große Eibe. Von dieser sagt man, daß aus dem Munde eines jeden auf dem Friedhof ruhenden Toten eine Eibenwurzel heranwachse. Man hütet sich daher, von solchen Friedhofseiben Blätter zu pflücken oder sie umzuhauen. (38)

30

„Auch die Ulme galt im Altertum als Wahrzeichen des Todes und der Trauer; sie ist daher auch bei uns vielfach als Friedhofsbaum verwendet worden." (39)

Als Mittler zwischen Leben und Tod wird in heidnischen Vorstellungen der Baum immer wieder als Aufenthaltsort der Verstorbenen oder noch nicht geborenen Seelen betrachtet. In Dantes „Divina Comedia", die zwar gewisse christliche Züge trägt, der aber im Wesentlichen ein heidnisches Weltbild zugrunde liegt, finden wir im dreizehnten Gesang der „Hölle" diese Auffassung wieder: Als Dante von einem der Bäume im zweiten Höllenkreis ein Zweiglein abbricht,

> „Schrie laut sein Stamm: „Warum doch mich zerknicken?"
> Und da er drauf vom Blute schwarz geworden,
> Begann er wieder: „Was doch mich zerreißen?
> Lebt in der Brust dir gar kein Geist des Mitleids?
> Wir, Menschen einst, sind Schößlinge geworden;
> Wohl sollte liebevoller deine Hand sein,
> Selbst wenn wir Schlangenseelen nur gewesen."

Auch Vögel, die er den Harpyen vergleicht, sitzen in den Zweigen der Bäume dort.
Überhaupt finden wir die Seelen der Verstorbenen oft in der Gestalt von Vögeln: Auf den Bäumen vor der Höhle Calypsos wohnen „die breitgefiederten Vögel, Eulen, Habichte und breitzüngichte Wasserkrähen ..." Nach den Ausführungen von Butterworth dürfen wir annehmen, daß es sich auch bei diesen um die Seelen von Toten handelt.
Bei den Golden, einem nordasiatischen Volksstamm mit schamanistischer Tradition, sitzen auf den Ästen des ersten der drei kosmischen Bäume (Birken) „die Seelen der Menschen wie Vögel und warten bis sie auf die Erde gebracht werden, um die Geburt von Kindern zu bewirken." (4o)
Im mitteleuropäischen Bereich sind es vor allem Weide, Esche, Tanne und Buche, auf denen die Seelen der noch nicht geborenen Kinder sitzen. Den kleinen Kindern erzählt man, daß die Neugeborenen aus den „Kleinkinderbäumen" geschüttelt würden. Die Steinfelser (Galizien) sagen, daß „die ungetauft verstorbenen Kinder auf einem Weidenbaum hockten. Darum höre man es auf den Weidenbäumen immer so ächzen und stöhnen." (41) Auch hier sehen wir wieder die Zuordnung der „Heidenkinder" zum Baum.
Der Hausgeist, der im Hausbalken wohnt und der Klabautermann im Mastbaum des Schiffs, dessen Schutzgeist er wird, wenn ihm die Schiffsleute die

verlangte Spende und Nahrung darbringen, beide sind nichts anderes als die Geister Verstorbener, die den Baum schon bevor er gefällt wurde bewohnten.

Deutlich läßt sich auch die Bedeutung des Wacholders für die Vorstellung der Wiedergeburt erkennen. Das plattdeutsche Märchen „Von dem Machandelboom" gibt hier ein besonders schönes Beispiel für die Manifestierung des archetypischen Baumbildes. Der Held wird aus der Vereinigung seiner Mutter mit dem Wacholder geboren. Diese wird nach ihrem frühen Tod unter dem Baum begraben. Die böse Stiefmutter schlachtet den Sohn und setzt ihn als Sulz dem ahnungslosen Vater zum Nachtmahl vor. Die jüngere Schwester sammelt die Knochen ihres Bruders und bringt sie, in ein Seidentuch gewickelt, unter den Machandelbaum. In einem feurigen Nebel vereinigen sich die Knochen mit dem Baum „un uut dem Führ dar flöög so ´n schönen Vagel heruut, de süng so herrlich un flöög hoog in de Luft..."
Der Wacholder ist hier Weltenbaum (er steht auf dem Hof vor dem Haus, d.h. an zentralem Ort) und Lebensbaum zugleich: Aus der Vereinigung mit der ersten Frau (des Mannes) geht der Mensch hervor. Dieser wird nach seinem Tod durch die Vereinigung mit dem Baum (als Vogel) wieder geboren. Wie alt und wie allgemein, d.h. allen Menschen zu allen Zeiten gemeinsam, dieses Motiv der Wiedergeburt aus dem Baum ist, können wir ersehen aus einem Vergleich mit einem altägyptischen Märchen, das in einem Papyrus der 19. Dynastie erhalten ist:
„Der jüngere Bruder namens Bata weigert sich, der Frau seines älteren Bruders Anpu gefällig zu sein. Als die Frau bei ihrem Mann die (falsche) Beschuldigung vorbringt und dieser seinen Bruder töten will, entmannt sich letzterer zum Zeichen seiner Unschuld und spricht zu Anpu: „Ich gehe nun in den Zedernwald und lege mein Herz in die Blüte einer Zeder; wird sie umgehauen, so fällt mein Herz zu Boden, und wenn du kommst, es zu suchen, wirst du sieben Jahre brauchen, bis du es findest. Hast du es aber gefunden, so lege es in eine Schale mit kaltem Wasser, dann werde ich zu neuem Leben erwachen. „Als der Baum umgehauen wurde, fand Anpu Batas Herz in Gestalt einer Beere. Damit wurde der Körper des getöteten Bata wiederbelebt. Als er in Gestalt eines Stieres ein zweites Mal getötet wurde wuchsen aus zwei Blutstropfen zwei Perseabäume. Der Pharao ließ die beiden Bäume umhauen, dabei flog der Königin ein Splitter in den Mund; sie verschluckte ihn und wurde von ihm befruchtet; Bata selbst wurde aus ihr aufs neue geboren." (42)

Kommen wir nochmals auf den Wacholder zurück: Auch der Name des Wacholders spiegelt in der Sprache seine Funktion als Lebensbaum wieder. Marzell erklärt die Endsilbe - der als allgemeines Baumnamensuffix, ursprünglich - ter. Wir finden es in einem der drei, von F. Paul (43) nachgewiesenen Urwortstämme für „Eiche" welcher sowohl „Baum" allgemein, als auch speziell „Eiche" bedeutet. Dieser lautet „dorw". Er steckt im englischen „tree" = „Baum" allgemein, aber auch im irischen „derry" (altirisch „daur") = Eiche, im skandinavischen „träd", „tre" =Baum oder im griechischen „δϱυς". Auch bei anderen deutschen Baumnamen finden wir dieses Suffix wieder: Holunder, Flieder, Massholder, etc.. „Der erste Bestandteil von „Wacholder" könnte zu „wach" gehören, so daß der Wacholder der „wache" (immergrüne) Strauch sein mag. Dazu würde die mittelhochdeutsche Form „quecholder" passen, abzuleiten aus dem alten Eigenschaftswort queck = lebensfrisch, munter (vgl. Queckbronnen, plattdeutsch Quickborn = Quelle; Quecksilber, erquicken, usw.) ... Machandel, Macholder sind niederdeutsche Namen des Wacholders, hier ist das anlautende „W" in ein „M" verwandelt, ähnlich wie im schlesischen Jachandelbaum (Jachandelbeeren) der anlautende Buchstabe ein „J" geworden ist." (44)

Wie wir wissen, ist der Baum als Symbol des ewigen Lebens auch vom Christentum aufgegriffen worden. Wie Christus ein neuer Adam ist, so ist auch das Kreuz Christi ein neuer Baum des Lebens. Eine Reihe von mittelalterlichen Legenden will sogar die Identität von Kreuz und Paradiesesbaum aufzeigen. Wir greifen hier eine als Beispiel heraus: „An seinem Lebensende bereute Adam seine Schuld und sandte seinen Sohn Seth zur Paradiesespforte, um von Gott das Öl der Barmherzigkeit vom Baum des Lebens zu erbitten. Am Paradies angekommen, teilt er dem Erzengel Adams Wunsch mit. Der Erzengel gibt ihm den Rat, dreimal aufs Paradies zu blicken. Beim ersten Mal sieht Seth das Wasser, aus dem vier Flüsse entspringen, und darüber einen dürren Baum. Beim zweiten Mal ringelt sich eine Schlange um seinen Stamm. Beim dritten Blick sieht er den Baum sich bis an den Himmel erheben; in seinem Wipfel trägt er ein neugeborenes Kind, und seine Wurzeln verlängern sich bis zur Unterwelt (der Baum des Lebens befand sich im Mittelpunkt der Welt und seine Achse durchschnitt die drei kosmischen Regionen). Der Engel erklärt Seth, was er gesehen hat, und kündigt ihm das Kommen eines Erlösers an. Er gibt ihm noch drei Kerne des verhängnisvollen Baumes, von dem seine Eltern gekostet haben, und weist ihn an, sie Adam auf die Zunge zu legen, der nach drei Tagen sterben werde. ... nach dem Tode Adams wachsen aus den drei Kernen, die Seth auf seine Zunge gelegt hat, im Tal des Hebron drei Bäume, die bis zur Zeit Moses um drei Klafter wachsen. Dieser, der ihren göttlichen Ursprung erkennt, versetzt sie auf den Berg Tabor oder Horeb (Mittelpunkt der Welt). Dort bleiben die drei Bäume ein Jahrtausend, bis zu dem Tag, wo David den göttlichen Befehl erhält, sie nach Jerusalem (auch dies ein „Zentrum") zu bringen. Nach vielen weiteren Perioden vereinigen sich die drei Bäume zu einem einzigen, aus dem das Kreuz des Erlösers gemacht wurde. Das Blut Jesu, der auf dem Mittelpunkt der Erde gekreuzigt wird, genau dort, wo Adam geschaffen und begraben wurde, fällt auf den „Schädel Adams" und tauft so - ihn von seinen Sünden loskaufend - den Vater der Menschheit." (45)

Auch in der Kunst begegnen wir diesem letzten Bild häufig. „Ab dem neunten Jahrhundert malten byzantinische Künstler unter dem Fuß des Kreuzes eine Höhle mit dem Schädel Adams; das gleiche Motiv taucht bereits im zehnten Jahrhundert in Südfrankreich auf. In den Beatushandschriften von Gerona (um 975) ist der ganze Leichnam Adams unter dem Kreuze dargestellt, wie es besonders von der Hauptfassade des Straßburger Münsters her bekannt ist."(46)

Das (Selbst-) Opfer des Gottes am Baum wird auch in anderen Religionen überliefert: Odin hängt neun Tage und neun Nächte an der Weltesche Yggdrasil. Bernatzky berichtet ähnliche Mythen aus dem heutigen Westafrika von nordamerikanischen Indianerstämmen und aus dem mittelasiatischen und altindischen Raum. (47) Allerdings scheinen, wie wir noch besprechen werden, in diesen Fällen andere Gesichtspunkte als der christliche Erlösungsgedanke im Vordergrund zu stehen, wenngleich eine gewisse Parallelität nicht ausgeschlossen werden kann. Im Gegensatz zu heidnischen Vorstellungen vom Lebensbaum ist das christliche Kreuz ein reines Sinnbild und der Glaube daran ein Mittel, das zu einer Erlösung aus den Schmerzen der Welt und zu einem ewigen Leben ausschließlich im Jenseits verhilft. Zwar ist eine „Auferstehung des Fleisches" in Aussicht gestellt, allein, diese findet nicht vor dem Ende der Welt statt. Eine Hoffnung auf Wiedergeburt in diesem irdischen Leben, auf eine Durchdringung der außerirdischen Welten, gibt es, im Gegensatz zu anderen Religionen und archaisch heidnischen Glaubensvorstellungen, nicht. Die Wiedergeburt oder Auferstehung und damit die konkret erlebbare Symbolik des Lebensbaumes wird abstrahiert. D.h., die für den Heiden erlebbare Wirklichkeit des Leben spendenden Baumes kann der Christ nicht mehr erfahren, sondern nur noch an ein vergleichbares Abstraktes glauben. Daß für uns Heutige kaum mehr eine andere als die abstrakte christliche Jenseitsvorstellung möglich ist, zeigt, wie radikal das Christentum gewirkt hat. So ist auch das Wissen um die eigenständige Lebenskraft des Baumes zumindest im Bewußtsein weitgehend ausgeschaltet worden. Die Trennung von Körper und Geist erhöht Gott, dessen Abbild der Mensch ist, als geistige Macht, und erniedrigt die Natur letzten Endes zur bloßen Materie, die sich der Mensch untertan machen soll. Diese christliche Auffassung der Welt und des Menschen ist wohl eine der Hauptursachen für das gestörte Verhältnis des heutigen Menschen zur Natur und für die gewissenlose Ausbeutung und Zerstörung der Natur in der ganzen christlich beeinflußten Welt.

Wir können abschließend feststellen, daß wir das archetypische Bild des Baumes als Tor zwischen Leben und Tod, und als solches, als Instrument der Wandlung zu allen Zeiten und bei allen Völkern wiederfinden. Daß wir die ursprüngliche Lebendigkeit, die dieses Bild auch heute noch im Menschen hat (dies soll in einem späteren Kapitel noch zur Sprache kommen), ist zum großen Teil auf die Einflüsse des Juden- und Christentums zurückzuführen. Der ewige Kreislauf zwischen Leben und Tod, den der Baum wie kaum ein anderes Symbol verkörpert, birgt in sich die Vorstellung einer unermeßlichen Fruchtbarkeit: „Der Baum repräsentiert den lebendigen Kosmos, der sich unaufhörlich regeneriert." (48)

4.2.3. Der Baum als Symbol der Fruchtbarkeit.

Der Lebensbaum ist als Symbol der Fruchtbarkeit, des Überflusses und der Gesundheit aufs engste verbunden mit der Verkörperung der Fruchtbarkeit, der ewigen Urmutter, der Göttin der Fruchtbarkeit. Die Fruchtbarkeit aber ist wiederum nur ein Teilaspekt eines umfassenderen Archetyps, den C .G.Jung als „Anima" bezeichnet. Neben dem Drang zur Empfängnis und zum Gebären, - neben diesem chaotischen Lebensdrang „haftet ihr ein seltsam bedeutendes an, etwas wie geheimes Wissen oder verborgene Weisheit." (48) Diesen zweiten Aspekt der Weisheit und der Fähigkeit zur Erkenntnis wollen wir zunächst beiseite lassen, um darauf in einem späteren Kapitel zu sprechen zu kommen.

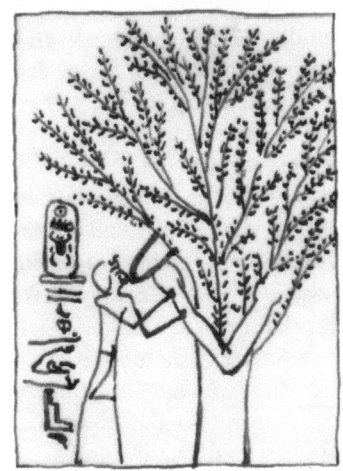

Die mythische Figur der Urmutter treffen wir bei allen Völkern in Verbindung mit dem Baum. Wir haben dies bereits bei den Yakuten (u.a.) gesehen. Auf einer ägyptischen Darstellung aus dem Grabe des Tuthmoses III (1504 - 1450 v.Chr.) (s. Abbildung) ist es Isis, die in Gestalt eines heiligen Baumes den jungen Pharao säugt. Isis ist die Schwester und Gattin des Osiris. Beide tragen die Züge von Fruchtbarkeitsgottheiten. Auf der Darstellung aus dem Königsgrab sehen wir nur den Arm und die Brust der Göttin, die zeichenhaft aus dem Baum herausragen. Die Brust enthält den göttlichen Trank, der Fruchtbarkeit, Gesundheit und Wohlstand, aber auch göttliche Erkenntnis gewährt. Diese lebenspendende Brust der Urmutter wird einerseits als Schale, andererseits als Mondsichel zum Symbolischen Zeichen. Butterworth weist dieses Zeichen auf einer Reihe archaischer Darstellungen nach, und aus dem Zusammenhang mit anderen, wie z.b. dem Zeichen für den Omphalos, mit Göttern und opfernden oder empfangenden Menschen, Priestern, mit dem Welten- oder Lebensbaum in verschiedenen Abwandlungen (vom Pfeiler bis zum Berg), zeigt er die Bedeutung des Symbols als Sinnbild und Quelle der Fruchtbarkeit auf.

Daß auch Maria des öfteren auf der Mondsichel sitzend oder stehend dargestellt wird, läßt darauf schließen, daß auch sie als eine Art Urmutter betrachtet wird. Die Symbolik der Mondsichel finden wir auch in unserem Alltag wieder: Die Kipferl oder Hörnchen, die wir beim Bäcker kaufen, sind altes Kultgebäck. Sie symbolisieren (wie ich vor längerer Zeit - ich weiß nicht mehr wo - gelesen habe) Gesundheit und Fruchtbarkeit, welche sich der Mensch in dieser Form einverleibt. Laut Butterworth gehört auch der christliche Kommunionkelch diesem Symbolkreis (Schale, Sichel Boot) an. Auch er enthält göttliche Speise.

Ein anderes Symbol, das auch in enger Beziehung zum Baum- und Fruchtbarkeitskult steht, ist das „ Shofar" , wie es Butterworth nennt. Es ist dies ein Horn eines Stieres oder Widders, das als Musikinstrument geblasen wird. (Wir kennen das Stierhorn aus Knossos, das für seine Stieropfer, die wir übrigens heute noch in Spanien als Stierkämpfe finden, bekannt ist.) Das Horn als Musikinstrument und rituelles Symbol, welche beide Funktionen in den Anfängen wohl kaum trennbar sind, dürfte eine ähnliche Bedeutung wie die Schamanentrommel haben. Der Ton des Horns versetzt die rituelle Handlung an den Mittelpunkt der Welt, wo die Urmutter wohnt, die die Fruchtbarkeit spendet und von wo alleine der Weg in andere Welten möglich ist. In der alten bayrischen Volksmusik gibt es ein Instrument, das „Kühhorn", welches diesem Shofar recht ähnlich sein dürfte. Dieses Kühhorn war bereits seit langer Zeit vergessen und ist erst jetzt von jungen Volksmusikanten wieder entdeckt worden. Wenn es geblasen wird, gibt es einen tiefen,warmen Ton.

Ein Pendant zu Isis und Osiris finden wir in den babylonischen Gottheiten Ischtar und Tammuz. Tammuz ist der Gott der Vegetation. (In Syrien erscheint er unter dem Namen Adonis und ist auch dort eng mit dem Baum verbunden.) Ishtar, Tammuz' Gattin und Schwester, oft Ashera genannt, ist bei den Assyrern „la Mère par excellence". (49) Auch heilige Bäume werden in der Bibel „Ashera" genannt. Auf Ischtar folgt Astarte, auch Asteroth, in Verbindung mit Baal, Baal-Ammon, welchem Holzpfeiler, die „Hammanim" geweiht waren. Diese wurden, wie wir z.B. in Chr. 34,4 nachlesen können, von den Juden immer wieder zerstört: „...und im zwölften Jahr fing er (Isai) an zu reinigen Juda und Jerusalem von den Höhen und Asherabildern und Götzen und gegossenen Bildern und ließ vor sich abbrechen die Altäre der Baalim und die Sonnensäulen (auch „Hammanim") oben drauf hieb er ab; und die Asherabilder und Götzen und gegossenen Bilder zerbrach er,und machte sie zu Staub, und streute sie auf die Gräber derer, die ihnen geopfert hatten..."

Die griechische Aphrodite hat nur einen neuen Namen. Venus, auch als Stern des Abends und des Morgens bekannt, ist nichts anderes als die alte Urgöttin, die Verkörperung der Liebe und der Fruchtbarkeit, die schon Isis war. Auch Helena, Athena und Artemis gehören laut Butterworth in diese Reihe. „Artémis était tantôt le myrte, tantôt le noyer ou le cèdre." (50)
Über Stellung und Funktion der biblischen Eva-Lilith haben wir bereits gesprochen (S.28). Wie aber steht es mit deren neutestamentlicher Entsprechung (unter umgekehrten Vorzeichen), nämlich Maria? Wir haben bereits ihre Verbindung mit dem Mondsichelsymbol gesehen. In der katholischen Kirche wird Maria (,wie die Venus) als Morgenstern bezeichnet. Der weiblich-mütterliche Charakter Marias kommt besonders deutlich durch ihre starke Beziehung zum Baum im Volksglauben zum Ausdruck. Eichen, Linden, Lärchen, verschiedene Obstbäume und viele andere, die der Mutter Gottes geweiht sind, finden wir in allen katholischen und orthodoxen Gegenden Europas. Meist geht von diesen Bäumen die Sage, daß entweder in der Höhlung ihres Stammes ein Holzbild der Hl. Maria gefunden worden ist, wie z.B. bei der Marienlinde von Telgte, dem Birnbaum zu Mariabirnbaum bei Aichach der Lärche bei (Maria) Waldrast in der Nähe von Mattrei (Osttirol), - oder aber die Heilige erschien einem Hirtenjungen oder Bauernmädchen am Fuß oder in den Zweigen des Baumes, wie z.B. bei der Marieneiche im Hofoldinger Forst bei München oder der Eiche in Maria-Eich bei Planegg. Auch in Frankreich trifft man gelegentlich auf eine „chêne de Notre Dame". Bezeichnend ist auch die Stellung Marias im Gesundheits- und Fruchtbarkeitsritus. H. Marzell erwähnt u.a. den Brauch, daß „besonders Frauen zu diesen Eichen wallfahrten, um eine glückliche Entbindung zu erflehen." (51) An anderer Stelle (52) spricht er direkt die Vermutung aus, daß „die Mutter Gottes in manchen Fällen die Nachfolgerin der sogenannten „Saligen Fräulein" ist. „ Diese aber sind nichts anderes als die alten Baumgöttinnen, die wir in den Mythologien der Urvölker gefunden haben.
Übrigens ist hier die Bezeichnung „ Salige Fräulein" interessant. Man würde zunächst annehmen, daß sich ihr Name von „selige Fräulein" ableiten ließe. Er steht aber wohl eher in Bezug zum Wortstamm „sal-", der die Weide bezeichnet. Dieser taucht im Lateinischen auf in „salix"'im Englischen

als „sallow",und im Althochdeutschen als „salah(a)". Gemeint sind also die „Weidenfräulein".

Auch Goethe hat diese saligen Fräulein gekannt und läßt sie in seinem berühmten Gedicht ihren Reigen führen. Ich möchte dieses Gedicht hier wiedergeben,weil der Dichter darin nicht lediglich ein Mythologem darstellt, sondern weil er darüberhinaus die ganze Amplitude des menschlichen Bewußtseins (Unbewußtseins) erfaßt. Weil er zeigt, welche Macht und Wirkung die Kräfte des Unbewußten (im Kind) haben. Auch die objektive Rationalität des väterlichen Bewußtseins, das sich über sie zu wachen bemüht, widersteht ihnen nicht. Am Ende ist es auch dem Vater nicht mehr geheuer; -Und welchem Leser wird es nicht genauso gehen?

Der Erlkönig

Wer reitet so spät durch Nacht und Wind?
Es ist der Vater mit seinem Kind;
Er hat den Knaben wohl in dem Arm,
Er faßt ihn sicher, er hält ihn warm.

Mein Sohn, was birgst du so bang dein Gesicht?
Siehst, Vater, du den Erlkönig nicht?
Den Erlenkönig mit Kron' und Schweif?
Mein Sohn, es ist ein Nebelstreif.

„Du liebes Kind, komm, geh mit mir!
Gar schöne Spiele spiel' ich mit dir;
Manch bunte Blumen sind an dem Strand,
Meine Mutter hat manch gülden Gewand."

Mein Vater, mein Vater, und hörest du nicht,
Was Erlenkönig mir leise verspricht?-
Sei ruhig, bleibe ruhig, mein Kind:
In dürren Blättern säuselt der Wind.

„Willst, feiner Knabe, du mit mir gehen?
Meine Töchter sollen dich warten schön;
Meine Töchter führen den nächtlichen Reihn
Und wiegen und tanzen und singen dich ein."

Mein Vater, mein Vater, und siehst du nicht dort
Erlkönigs Töchter am düstern Ort? -
Mein Sohn, mein Sohn, ich seh' es genau:
Es scheinen die alten Weiden so grau. -

„Ich liebe dich, mich reizt deine schöne Gestalt;
Und bist du nicht willig, so brauch' ich Gewalt."
Mein Vater, mein Vater, jetzt faßt er mich an!
Erlkönig hat mir ein Leids getan! -

Dem Vater grauset's; er reitet geschwind,
Er hält in den Armen das ächzende Kind,
Erreicht den Hof mit Mühe und Noth;
In seinen Armen das Kind war tot.

Wir sind jetzt von unserem roten Faden etwas abgewichen, allein, ich hoffe, der Excurs hat sich gelohnt. Jetzt nochmal zurück zu Maria :
Am 1. Mai 1975 habe ich in einem griechischen Dorf, das bei dem Kloster des Hl. Laurentius liegt, eine Maifeier miterleben dürfen, die verschiedene Spuren alter Baum- und Fruchtbarkeitskulte aufwies. Die Hl. Maria aber war, dessen ungeachtet, als „Göttin" - es hätte auch Aphrodite sein können - wie selbstverständlich, integriert.
Nach einer mehrstündigen Wanderung von der Hafenstadt Volos, - zuerst entlang der blauen Bucht, dann über die unwegsamen Bergrücken des Pilion,- kam ich abends in das kleine Bergdorf, dessen enge Gassen, Treppen und abgestufte Plätze kein motorisiertes Fahrzeug dulden. Mit griechischer Gastfreundschaft wurde ich aufgenommen. Am nächsten Morgen, dem ersten Mai, wanderte die ganze Dorfgemeinde auf einem schmalen Pfad, etwa eine halbe Stunde weit (Entfernungen mißt man dort nach der Zeit, die man braucht, um sie zurückzulegen), durch den dichten Platanenwald, welcher in der mittleren Region den Berg bedeckt. Schließlich langte die Prozession, den Popen an der Spitze, an einer kleinen Kapelle an. Diese stand unter dem hellen Blätterdach der maigrünen Platanen und war der Hl. Maria geweiht.
In der Kapelle fanden nur der Pope und zwei,drei Dutzend dicht gedrängter Menschen Platz. Die übrige Gemeinde stand, Männer und Frauen getrennt, unter den Bäumen vor der Kapelle. Der Pope hielt eine Marienandacht, während die Männer und Buben vor der Kapelle sich Zweige von den Platanen schnitten und daraus kleine Flöten verfertigten, ähnlich den „Weidenpfeiferln" , wie sie die Kinder auch in bayrischen Dörfern noch machen. Die Platanenpfeiferl hatten noch eine Besonderheit: an ihrem unteren Ende, wo

sie geschlossen waren, gabelte sich meist der Ast; die beiden von der Gabelung abgehenden Zweige wurden zu einem Bogen zusammengeflochten. So konnte man sich, wenn man gerade nicht auf der Flöte blies, diese um den Hals hängen. Während der ganzen Andacht aber, und auch noch auf dem Rückweg ins Dorf bliesen die Burschen und Männer auf ihren Pfeiferln, so daß der Wald erfüllt war von dem Gezirpe der schrill quiekenden Pfeiferl. Kam ein Mädchen oder eine Frau in ihre Nähe, so schlugen sie sie mit den geflochtenen Zweigenden leicht auf Rücken oder Beine, wohin sie sie gerade trafen. Die ganze Zeit über herrschte eine heitere, ja ausgelassene Stimmung, die für unsere Begriffe eigentlich gar nicht recht zu einer religiösen Andacht passen will.

Um nun zur Deutung dieses Brauchs zu kommen, so dürfen wir annehmen, daß dieser eine späte, teilweise abgewandelte oder dekadierte Form eines alten Fruchtbarkeitskultes ist. Butterworth legt nahe, daß, wie er anhand von minoischen Darstellungen zeigt, das auf S. 37 beschriebene Shofar bei Fruchtbarkeitsriten unter heiligen Bäumen geblasen wurde. Die Astgabelung an den Flöten, eine Verdoppelung des Einfachen, ist sicherlich ein Hinweis oder vielmehr eine Beschwörung der Fruchtbarkeit. Auch das Schlagen der Mädchen und Frauen mit den Zweigen, sowie das Umhängen der Zweigschlingen, entspringt, auch wenn anscheinend das erstere nur im Scherz und das letztere aus Bequemlichkeit geschieht, eher einem magischen, primitiven Glauben an die Übertragung der Fruchtbarkeit vom Baum auf den Menschen. Daß also die Hl. Maria im Volksglauben hier, wie auch anderwärts, nur an die Stelle einer alten heidnischen Fruchtbarkeitsgöttin getreten ist, läßt sich kaum bezweifeln.

In der germanischen Mythologie ist Freya die Göttin der Liebe und der Fruchtbarkeit. Ihr war die Linde geweiht. „Deshalb verlegte man auch eine der bekanntesten Liebesäußerungen, den Tanz, direkt in das Geäst ihres Baumes, in dem eine Tanzplattform errichtet wurde."(53) Mehrere solcher Linden stehen heute noch in Deutschland. In Limmersdorf (Krs. Kulmbach) wird heute noch in der Krone der Linde getanzt. Auch die Tanzlinde in Peesten (im selben Landkreis) ist ein besonders schönes Beispiel. Die beste Vorstellung von dem Umfang dieses Baumsaales gibt die zweifache Tatsache (die ich hier mehr der Kuriosität halber anführen will,) daß:

1. ein 1801 im Dorfe im Cantonnement stehender französischer Hauptmann seine Compagnie beim Verlesen auf dem Baume zu versammeln pflegte, und
2. diese grünen luftigen Hallen Raum bieten, um eine Tafel mit 2oo Gedecken zu stellen.

(Die Abbildung ist aus: F. Stützer: „Die größten, ältesten oder sonst merkwürdigen Bäume Bayerns", S. 76

Auch in den deutschen Volksliedern tritt die Linde von den Anfängen bis heute immer wieder als Baum der Liebe auf: „Unter der Linden, wo wir uns finden zur Abendzeit ..." oder:

Schon um die Linde war es voll,
Und alles tanzte schon wie toll.
Juchhe! Juchhe!
Juchheisa ! Heisa ! He!
So ging der Fiedelbogen.

4.2.4. Gesundheit, Wohlstand und Abwehr des Bösen und der Krankheit durch den Baum.

Die Fruchtbarkeit von Mensch, Tier und Pflanze bedeutet oft zugleich Gesundheit und Wohlstand für den Menschen. Die Vereinigung dieser Aspekte kommt klar zum Ausdruck in einem Brauch, der in ländlichen Gegenden Deutschlands auch heute noch erhalten ist und der, wie wir gesehen haben z.B. in Griechenland noch lebendig ist. Es ist dies der „Schlag mit der Lebensrute", wie W. Mannhardt diese Beschwörung der Urkräfte der Natur bezeichnet.

„Das Schlagen mit der Lebensrute verschafft symbolisch dem Menschen neue Kraft und Gesundheit, dem Vieh Gedeihen im Stall und auf der Weide. Das ist letzten Endes der Sinn der vielfach ausgearteten und nach Ursprung völlig vergessenen Bräuche, die als Stäupen, Fitzeln, Pfeffern, Schmackostern usw. bezeichnet werden. Dieses Stäupen besteht darin, daß die Kinder mit Birkenreisern (auch Wacholder-, Stechpalmen und andere Zweige werden dazu genommen) am Aschermittwoch, manchmal auch an Neujahr und anderen Festzeiten zwischen Weihnachten und Ostern, die Erwachsenen mehr oder minder kräftig schlagen. Oft sind es auch die Buben und die Mädchen, die Knechte und die Mägde, die sich gegenseitig mit den Zweigen „streichen". In diesem Falle erscheint die Birkenrute noch deutlicher als Fruchtbarkeitssymbol.

Nach einem alten oberpfälzischen Brauch treibt der Hochzeitlader die Braut mit einem weiß abgeschabten Birkenrütchen unter beständigem Schlagen von der Kirchentür bis in den Kirchenstuhl. Auch sonst trug hier und da der oberpfälzische Brautführer eine Birkenrute. Vielleicht gehört dieser Brauch zu den vielen, mehr oder minder verblaßten Fruchtbarkeitsriten, wie sie früher bei Hochzeiten auf dem Lande üblich waren. (54)

Eine andere Form der Lebensrute ist die „Mirtesgert'n", die besonders aus Niederbayern bekannt ist. Der Hirte überreicht die Martinsgerte, eine Rute von Wacholder an Martini (11. Nov.) dem Bauern mit einem Spruch. Die Wacholderrute erscheint hier deutlich als Fruchtbarkeitssymbol. Sie bringt dem Bauern Wohlstand und Reichtum, die ja auf der Fruchtbarkeit von Vieh und Feldern beruhen. In der Straubinger Gegend lautet so ein Hirtenspruch:

„Kommt der heilige Sankt Mirt
Mit seiner Girt.
Gott sei Dank, is wieder s'Jahr ausg´hüet!
So viel Kronwittbierl,
So viel Ochsen und Stierl
So viel Sproß,
Hab der Bauer Rinder und Roß,
So viel Zweig,
So viel Fuder Heu!
Nehmt's de Gart und steckt sie's hinter d' Tür'
Ziagt's aus Jahr mit Freuden herfür!
Bauer und Bäuerin! Laßt enk niet verdrießen
Ein par Zwanziger her z'schieß'n
Dös is mir scho g'nua,
Und a weiß Stückl Brot g'hört aa dazua. (55)

In wie weiter Ferne die Wurzeln dieser Bräuche liegen, läßt sich auch aus dem Namen der Birke ablesen: „Das lateinische Betula ist von batuare = schlagen abzuleiten. Der magische Brauch führte also zur Namensgebung. (56)
Daß der Glaube an die Übertragung der Lebenskraft und der Gesundheit vom Baum auf den Menschen auch auf tatsächlichen physischen Wirkungen beruht, wird jeder bezeugen, der die Wirkung von Schlägen mit der Birkenrute nach einem Saunabad, wie dies in Skandinavien üblich ist, kennengelernt hat. Auch finden wir den Birkensaft in der Volksmedizin verschiedener Völker als Mittel gegen Sommersprossen, unreine Haut, etc.. Im „Kreuterbuch

des Hieronimus Bock" lesen wir: „Der Birckensafft/ sonderlich wann er destilliert ist/ heilet feule im Mund/ allerlei Zittermäler (Hautausschlag) und flecken/ darmit geweschen. Solches thut auch das Wasser von dem grünen Laub gebrannt." (57) Es gibt noch eine ganze Reihe anderer Bäume und Pflanzen allgemein, die auch heute noch wirksame Anwendung in der Volksmedizin und in der Hand von Heilpraktikern finden. Über diese ist in Heilpflanzenbüchern genaueres nachzulesen. Für unsere Zwecke sind mehr die magischen Wirkungen, die in der Sympathie- und Zaubermedizin auftreten, von Interesse, weil diese uns Aufschluß geben können über die emotionalen Beziehungen des Menschen zum Baum. Es sind einige wenige Grundvorstellungen, die in Form vielfältiger Bräuche und Heilpraktiken, einerseits dem Menschen Glück, Gesundheit und Wohlstand bringen und erhalten, andererseits Unglück, Krankheit und Schaden, welche in der primitiven Vorstellung fast ausschließlich durch Zauberei und übernatürliche Kräfte zustande kommen, abhalten, bzw. vertreiben sollen.

4.2.4.1. Übertragung von Gesundheit und Fruchtbarkeit vom Baum auf den Menschen.

Eine solche Grundvorstellung ist die der Übertragung von Gesundheit und Fruchtbarkeit vom Baum auf den Menschen. Sie spiegelt sich wider in dem, bereits anhand einiger Beispiele besprochenen Brauch des Schlagens mit der Lebensrute. Die katholische Kirche hat diesen Brauch, christlich überformt, in verschiedenen Abwandlungen übernommen. Aus Bayern ist der Brauch bekannt, Zweige des geweihten, österlichen Palmbuschen im Herrgottswinkel der Guten Stube, aber auch über den Türen der Viehställe, aufzuhängen, was Mensch und Tier Glück, Gesundheit und Segen bringen soll. Auf die Felder und Äcker der Gemeinde wird die Fruchtbarkeit übertragen, indem man Palmbüsche an den Wegkreuzen ansteckt, oder die Asche der Palmzweige auf die Felder streut.
Aus Norddeutschland und Skandinavien kennen wir den Julklotz, einen Eichenklotz, der am 24. Dezember verbrannt wird und dessen Asche auf die Felder gestreut wird, damit diese reichlich Frucht tragen. Die verkohlten Reste des Klotzes werden aufbewahrt und schützen das Haus vor Blitzschlag (Eiche = Donar!).
Die Rute des heiligen Nikolaus ist ursprünglich wohl eine Lebensrute. Christliche Moral und Erziehungskunst läßt ihn aber dann nur noch die „bösen" Kinder damit schlagen.
Eine Vorstellung, die der der Übertragung von Gesundheit und Fruchtbarkeit komplementär gegenübersteht, ist die der

4.2.4.2. Übertragung von Unglück und Krankheit auf den Baum und Abwehr von Schaden.

Eine Heilmethode, die sich laut J. Frazer in ganz Europa nachweisen läßt, ist die folgende, die wir aus einer Sammlung abergläubischer Meinungen des Scharfrichters Karl Huss aus Eger, aus dem Jahre 1823, übernehmen: „Wer einen Leibschaden hat, der soll drei Tage nach dem Neumond nackend durch eine gespaltene Eiche gesteckt werden, selbe muß dann wieder mit einem Stück von seinem Hemd zusammengebunden werden. So wie die junge Eiche wächst, so verwächst auch der Leibschaden (Bruch) .„ (58) Nach Meinung verschiedener Volkskundeforscher ist der Sinn dieser Kur ein zweifacher: Einerseits wird beim Durchziehen des Kranken durch die Baumöffnung die Krankheit am Baum abgestreift, d.h., die Krankheit wird auf den Baum übertragen. Anderseits symbolisiert der Ritus eine Wiedergeburt: Aus dem Spalt kommt ein neuer Mensch heraus.

Auch andere Krankheiten werden häufig auf den Baum übertragen. H.Marzell bringt eine ganze Sammlung von „Kuren" gegen die Gicht. Hier ein Beispiel daraus aus Mecklenburg: „Der Kranke geht nach Sonnenuntergang zu einer Fichte und spricht:

„Gunn Abend, Fru Ficht!
Ich klag di
De 99erlei Gicht,
De plackt mi.
Nimm se doch von mi tau di an!
Im Namen Gottes, usw... (59)

Wenn man Fieber hat,so kann man es (, so in der alten Grafschaft Ruppin,) auf eine Eiche übertragen, indem man „windan" zu ihr geht und spricht, wenn man darunter steht:

Ach, lieber Eichbaum, ich klag es dir,
Ein zehrend Fieber plaget mir,
Ach, lieber Gott, ich bitte dir,
Nimm du meine Last von mir.
Ich bringe dir das Warme und das Kalte (Fieber).
Das erste Vögelchen, das vorüberfliegt,
Mag es behalten."

Darauf spricht man dreimal die Worte: „Im Namen Gottes ..." (6O).

Gegen Zahnschmerzen kennt man aus Sachsen, aber auch aus anderen Ländern folgende Heilmethode. (Sie stand auf einem Zettel aus dem Nachlaß eines alten Bauern) „Gehe vor Sonnenaufgang in den Wald oder sonst an eine junge Fichte, wo du nicht glaubst, daß du wieder einmal hinkommst. Da schneide mit deinem Messer die Rinde ab, aber recht schön egal, vielleicht so viel (daneben ist ein Rechteck von 1 x 3 cm angezeichnet, dann mache einen Splitter Holz draus und steche die Zähne blutig und lege diesen Splitter wieder hinein, die Rinde wieder drauf und nun mit einem starken Bindfaden wieder zugebunden, im Namen Gottes, des Vaters, usw... Diese Rinde nimmt man aber auch von der Morgenseite, also auch wieder gegen Morgen zu."(61)

Nicht weit hinter dem Farmhaus, das ich 1974 in Irland (Co. Donegal) ein paar Monate lang bewohnte, lag eine Brunnenquelle und daneben stand ein Weißdorn. Dieser war über und über mit Stoffetzen, meist von Schlafanzügen behängt. Als ich die Einheimischen nach der Bedeutung des Ortes fragte, wollte niemand recht mit der Sprache heraus, ja, die meisten wollten den Ort nicht kennen, obwohl der Weg, der hinführte, durchaus die Spuren häufiger Benützung aufwies und auch die Stoffstreifen teilweise noch nicht so sehr lange am Baum hingen, wie es schien. Das einzige, was ich erfahren konnte, war, es sei eben ein „holy well and a fairy tree", ein Relikt aus heidnischen Zeiten; heute glaube man natürlich nicht mehr, daß irgendwelche abergläubischen Opfer einem Kranken helfen könnten. Auch Estyn Evans berichtet von heiligen Bäumen und Brunnen in Irland, die heute noch eine gewisse Rolle im Leben des Volkes spielen, und, ähnlich wie in anderen Ländern heilende und Segen bringende Kräfte beherbergen.
Die magisch heilende Kraft des Eibenholzes im Volksglauben können wir aus seiner Verwendung gegen die Tollwut ersehen. Aus Deutschland, wie aus Polen ist folgende Heilmethode überliefert, die, in verschiedenen Varianten, bis in die zweite Hälfte des vorigen Jahrhunderts Anwendung fand: Aus Eibenholz geschnittene, vierkantige „Tollhölzer", in deren Oberfläche runenartige Zeichen eingeritzt waren, wurden in Brot eingedrückt. In verschiedenen Gegenden schabte man dann noch trockenes Eibenholz darauf. Ein solches Brot nach dem Hundebiss gegessen, sollte den Ausbruch der Krankheit verhindern.
Wie der Taxus als immergrüner Baum, tritt auch der Wacholder in der Sympathiemedizin häufig hervor. Neben der Bedeutung, die er als Leben und Fruchtbarkeit spendender Baum hat, dient er im Volksglauben auch oft zur Abwehr des Bösen. Schließlich wird ja gerade die Krankheit, vor allem in früheren Zeiten, aber auch noch heute, als Manifestation des Bösen, als von Gott auferlegte Prüfung des Menschen durch den Satan (vgl. Hiob) gese-

hen. Als Prototyp der dämonischen Krankheit darf sicherlich die Pest gelten. Als Würgeengel oder Sensenmann zieht sie durch die Lande. Als eines der wirksamsten Mittel gegen die Pest half u.a.der Wacholder. „Der rauch davon verjagt die Schlangen (satanisch) und den vergifften lufft. Derhalben, wo die pestilenz regiert sol man stätz von weckolder holtz rauch machen in allen gemachen darinnen man wonet." (62)

„ Der Glaube an die desinfizierenden Eigenschaften des Wacholders ist auch heute in weiten Kreisen noch nicht verschwunden. So kauten viele Leute während der großen Grippeepidemie im Jahre 1918 Wacholderbeeren, um vor Ansteckung sicher zu sein. Bei Viehseuchen (z.B. Klauenseuche) wird der Stall mit Wacholder ausgeräuchert, was guten Erfolg haben soll. Es wäre wohl falsch, zu glauben, daß die desinfizierende Wirkung des Wacholders nur auf abergläubischen Anschauungen beruhe. Das ätherische Öl des Wacholders enthält Pinen und Gadinen, zwei Stoffe (Terpene), denen eine antiseptische Wirkung wohl nicht abgesprochen werden kann. Auch bei der (unvollkommenen) Verbrennung des Wacholderholzes (Räuchern) bilden sich als Produkte der Zersetzungsdestillation ähnliche Stoffe. Wir sehen also, daß bei der Wertschätzung des Wacholders zwei Momente mitgewirkt haben: ein empirisches und ein irrationales („abergläubisches")". (65) Auch in seinem Namen hat sich diese Qualität des Wacholders in verschiedenen Gegenden niedergeschlagen: „In Alemannischen treffen wir Formen wie Reckolder, Rackolder (Mhd. reckalter, reckolter), auch wohl Räuckolder, das offenbar volksetymologisch an „Rauch" angelehnt ist, weil man Zweige und Beeren zum Räuchern verwendet. So gehört auch der lettische Name kadikis für den Wacholder zu kaditi = räuchern. Im Finnischen nennt man unseren Strauch kataju, im Estnischen kadakas. Davon ist die ostpreußische Bezeichnung Kaddik, Kaddikstrauch abzuleiten" . (64)

Aber nicht nur der Rauch des Wacholders diente zur Abwehr von Krankheit und Zauberei. Auch dem Holz selbst sollte diese Abwehrkraft gegen das Böse innewohnen. „Man benutzte es mit Vorliebe zu Peitschenstielen für die Roßknechte. Mit solch einem Stecken ausgerüstet brauchten diese keinerlei Behexung ihrer Pferde befürchten. Zum Rührstecken für die Butterfässer verwendete man gleichfalls Wacholderstämmchen. So konnte man sicher sein, daß weder böse Geister, noch die böse Nachbarin die Milch zu verderben vermochten. Nur eine Abwandlung dieses Brauchtums stellt es dar, wenn ehedem die Böttcher in Wasserbitschen und Trinkgefässe jeweils etliche Streifen Wacholderholz einzogen; denn auch durch einen Trunk konnte ja der Zauber Einfluß gewinnen. (65)

Eine gefürchtete Strafe Gottes (Jahwe, Donar oder Zeus) und ein großes Unglück für jeden Betroffenen war von jeher der Blitzschlag. Wie wir aus dem

Sprichwort wissen, schützt die Buche den vom Gewitter überraschten Wanderer vor dem Blitz, eine Tatsache, die sich auch physikalisch erklären läßt. Aber auch auf magische Weise bot und bietet der Baum Schutz für Haus und Hof (vgl. S. 55). „Im Badischen wird am Karsamstag im Osterfeuer ein Eichenpfahl bis an die Spitze leicht angebrannt, dieser Pfahl wird zuhause sorgfältig aufbewahrt, bei drohenden Gewittern ins Herdfeuer gelegt, damit der Blitz nicht einschlägt. (66) Eine weitere Grundvorstellung, die der von der Übertragung von Fruchtbarkeit und Gesundheit vom Baum auf den Menschen sehr nahe steht, ist die der

4.2.4.3. Analogie zwischen Mensch und Baum.

Mensch und Baum sind dabei Spiegelbilder voneinander, und die Schicksale der beiden sind oft nicht voneinander zu trennen, d.h., die Analogie kann sich bis zur Identität steigern.

Ein Brauch, dem dieses Analogiedenken zugrunde liegt, und der auch heute noch allgemein üblich ist, ist der, daß man bei der Geburt eines Kindes oder bei der Taufe (welche bei christlichen Kindern erst die eigentliche Geburt ist,) einen Baum pflanzt. In der Freisinger Gegend pflanzt man meist Obstbäume (Kirsche, Apfel). So wie der Baum gedeiht, soll auch das Kind heranwachsen.

„Ein recht merkwürdiger Aberglaube wird aus Stettin berichtet: Badet man ein neugeborenes Mädchen zuerst in einer büchenen Wann (Wanne aus Buchenholz), so laufen ihm, wenn es einmal groß geworden, die Männer sehr nach. Vermutlich steht hier das analogische Denken des Primitiven im Hintergrund: Die Buche hat eine schöne glatte Rinde, also wird auch das Mädchen, das in einer büchenen Wanne gebadet wird , einmal eine schöne, glatte Haut bekommen, und da ist es kein Wunder, wenn ihm die Männer nachlaufen. Damit wäre zu vergleichen, daß man in manchen Gegenden das erste Badewasser eines Kindes unter einen Rosenstrauch gießt, damit es dereinst schöne rote Wangen bekomme. (67) Analogisches Denken spielt auch in der abergläubischen Voraussage von zukünftigen Ereignissen, vor allem solcher, die die Fruchtbarkeit und die Liebe betreffen, eine große Rolle. So, z.B., wenn es vom Haselnußstrauch heißt: „Wenn es viele Haselnüsse im Herbst gibt, gibt es im nächsten Jahr viele (uneheliche) Kinder." (68) Im bäuerlichen Aberglauben gibt es eine ganze Menge von Wetter- und Ernteorakeln, die auf der Vorstellung einer Analogie zwischen dem Baum und der Fruchtbarkeit der Felder und des Viehs beruhen. Ein Beispiel soll genügen: „Im Böhmerwald stellt man in der „Foast-Rauhnacht (6. Januar), ein Ernteorakel an, das sogenannte „Lästeln". Es besteht darin, daß man verschiedenen kleinen Tannenästchen verschiedene Namen von Getreidearten gibt, so „Weizen", „Korn", „Gerste", „Hafer", und diese auf glühende Kohlen legt. Jene Getreideart, deren gleichnamiges Ästchen besonders lustig prasselt, wird bei der nächsten Fechsung eine besonders gute Ernte ergeben, und umgekehrt, jene Getreideart, deren Tannenast düster und rauchend brennt, schlecht schütten.(69)

4.2.4.4. Identität von Mensch und Baum.

Diese Vorstellung, daß Mensch und Baum identisch seien, können wir als Steigerung des eben besprochenen Analogiedenkens auffassen. Allerdings ist der Mensch hier oft kein gewöhnlicher Mensch mehr; - vielmehr handelt es sich oft um die Seelen Verstorbener, oder um aus dem menschlichen Alltag ausgeschlossene Menschen. Wir hören auch von lebenden Menschen, deren Persönlichkeit eins ist mit der eines bestimmten Baumes. Durch ihre enge Beziehung zum Baum, oder zur Natur allgemein, sind diese Menschen aber der menschlichen Alltagswelt fremd. Wir kennen sie bei verschiedenen Völkern zu verschiedenen Zeiten unter vielerlei Namen. Sie heißen: Waldfrauen, Alpe, Druden, salige Fräulein, Fanggen (in Tirol), Moosleute (in Bayern); im Altertum hören wir von ihnen als Dryaden, Faune, Satyrn und Silene (Daphne); im christlichen Mittelalter verfolgt man sie als Hexen (Hexe = ahd. haegtess = Haggöttin). Es gibt bei den meisten Völkern Volkssagen und Märchen, in denen das Leben eines Menschen innig mit dem eines Baumes verbunden ist. z. B.:
„In Kleinborowitz (Riesengebirge) bemerkte ein Bauer nach seiner Verheiratung, daß sein Weib täglich um Mitternacht das Haus verließ und nach Ablauf der Geisterstunde frierend wiederkam. Die Bäuerin bekannte nun weinend, daß sie ein „Alp" sei und allnächtlich eine Birke drücken müsse. Der Bauer ließ die Birke absägen und in den Hof schleppen, damit seine Frau es leichter habe. Als er danach die Stube betrat lag seine Frau tot auf den Dielen. Nun erkannte er, daß er die Birke hätte ausgraben und in den Hof verpflanzen müssen, um sein Weib am Leben zu erhalten." (7O)

Eine bedeutsame Eigenschaft dieser Baummenschen ist ihre Fähigkeit, Zukünftiges vorherzusagen und, was wieder an die asiatischen Schamanen denken läßt, ihre Kenntnisse in der Naturheilkunde. „Der Hirt von Moderwitz (Thüringen) hütete einmal in der Nähe eines Gehölzes seine Herde. Während er sein Frühstück verzehrte, kommt ein Moosweibchen zu ihm und bittet ihn um etwas Brot. Der Hirt sagt: „Wenn du mir ein Mittel für kranke Schafe lehren willst, sollst du Brot bekommen". Bereitwillig teilte ihm das Moosweibchen eine Menge Heilmittel für krankes Schafvieh mit. Als der Hirt genug gehört zu haben glaubte, sprach er: „Nun ist's gut, deine Mittel kenne ich, sieh du nun zu, wer dir das Brot gibt." Da fing das Moosweibchen an, laut zu lachen und rief, nach dem Gehölz zulaufend: „Das beste weißt du doch nicht; was wider den Bettel hilft, ist dir doch nicht bekannt". Wenige Tage nachher erkrankten die sämtlichen Schafe des Hirten an jener Krankheit und starben." (71)

Neben diesem geheimen Wissen und Sehertum der Baummenschen treten vor allem erotische Beziehungen zu den gewöhnlichen Menschen als Charakteristikum häufig hervor. „Die Ehen mit diesen übernatürlichen Frauen sind überaus glücklich und der menschliche Partner gewinnt alle Güter im Überfluß, doch scheitern sie in der Sage immer an der Nichteinhaltung eines Tabus." (72)

Wir könnten diese sagenhaften Erscheinungen aus psychologischer Sicht als Projektionen des Animaarchetyps bezeichnen, die lediglich in der Einbildung des Menschen existieren. Dagegen spricht jedoch, zumindest zum Teil, die wohl nicht unbegründete Vermutung Petzolds, daß „die Vorstellung von den Wilden Leuten aus der mittelalterlichen Übung entstand, Geisteskranke und Aussätzige aus der Gemeinschaft der Menschen auszustoßen und sie zu zwingen, ihr Leben in den Wäldern zu fristen." (73)

Auch heute gibt es anscheinend noch Frauen und Mädchen, die sich identisch oder doch sehr verwandt mit Bäumen fühlen. Allerdings hört man von ihnen wenig, wohl, weil sie allzu oft als Schizophrene, Epileptiker oder Neurotiker ihre Tage in Nervenheilanstalten verbringen.

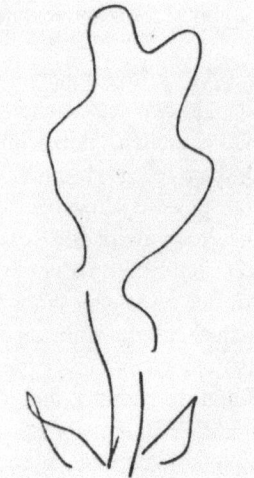

Diese genannten Krankheiten sind laut M. Eliade vor allem die Hauptinitiationskrankheiten des Schamanismus, welche eben durch die Initiation überwunden werden. Die Schamanen, die ihre „Krankheit" überwunden haben, sind dann in der Lage, diese bei anderen zu heilen. (74)

Daß es heute noch solche Menschen gibt, soll die nebenstehende Abbildung zeigen. Diese Baumzeichnung stammt von einem 20-jährigen Mädchen aus einer Münchner Nervenklinik. Ihr eigener Kommentar zu dem Bild: „Der Baum - das bin ich." Es kann hier nicht unsere Aufgabe sein, den Begriff „Krankheit" (speziell geistige) auszugrenzen. Es soll hier genügen, wenn wir sehen, daß verschiedene Krankheiten zu verschiedenen Zeiten unterschiedlich beurteilt und behandelt wurden. Wir müssen annehmen, daß in unserer Zeit des nivellierten Erlebens (was das psychische anbelangt) Menschen, die noch die Fähigkeit haben, mit der Natur eins zu sein, oft als psychisch krank bezeichnet und dementsprechend behandelt werden. Gottseidank aber gibt es noch Menschen, die wissen, daß es einen Punkt gibt, in dem das Wesen von Natur und Mensch nicht mehr zwei, sondern eins sind.

4.3. Der Baum der Erkenntnis.

Wir haben bereits weiter oben bemerkt, daß der Anima neben dem Aspekt der Fruchtbarkeit, des Urmütterlichen, des Körperlich - Sexuellen auch der Aspekt der Weisheit, der absoluten Erkenntnis, des Geistigen eigen ist. Wie eng diese beiden Aspekte verwandt sind können wir bereits aus etymologischer Perspektive sehen: Julius Schwabe weist auf die indogermanische Wurzel „gna" hin, die teils den Geschlechtsakt nebst Geburt und Abstammung, teils den geistigen Erkenntnisakt bezeichnet. Aus seinen zahlreichen Beispielen greifen wir nur einige heraus:

1. in körperlicher Bedeutung:
   genesis (Entstehung) ‚gonos (Geschlecht)
   genus, generare , natus, natura,
   kunds (gotisch: abstammend, cennon (a. engl.: gebären)
2. in geistiger Bedeutung
   gnosis (Erkenntnis), gnome (Verstand) noscere, notus, gnarus, kin, kind,
   to know, kennen, Kunde.

Das Sanskritwort ganami bedeutet sowohl „ich erzeuge", als auch „ich kenne". „In den semitischen Sprachen wird die Funktion des sexuellen und des intellektuellen Triebes mit dem selben Verbum „erkennen" bezeichnet." (75) Deshalb lesen wir auch in Gen. IV, 1: „Und Adam erkannte sein Weib Eva, und sie ward schwanger und gebar..." .
Die Äquivalenz von sexueller und geistiger (d.h. auch seherischer) Potenz läßt sich auch anderweitig verfolgen: Die keltischen Druiden waren die Priester und Seher eines Eichenkultes. Um die Kraft und die Fähigkeit zum Heilsehen und Wahrsagen zu erlangen, aßen sie Eicheln. Die Eichel diente also einerseits zum Erreichen einer Erkenntnis, welche die Oberfläche der Dinge durchdrang und gewissermaßen eine transzendente Weltschau darstellte. Andererseits ist aber gerade die Frucht der Eiche seit Urzeiten bis heute ein zentrales Sexualsymbol bei allen indoeuropäischen Völkern, was

vor allem in den Konnotationen zu dem Stammwort (protomorph), das F. Paul mit „gwelH" angibt, zum Ausdruck kommt. „The reflexes include Armenian kalin and greek „βαλανος", Latin glans meant „acorn, objekt in form of an acorn" (including the glans of the penis). Rarely cited but critical would appear to be the sanskrit gulah, „acorn, penis, clitoris," which in turn may be related to a set of words for „ball, pill" and the like." (76) Das Wort gula finden wir übrigens bei Hieronymus Bosch wieder: Es bildet die Überschrift für die „Wollust" in den „Sieben Todsünden".

Daneben wäre noch eine andere Beobachtung hier zu bemerken: Butterworth vergleicht die Seitenansicht des Omphalos auf archaischen Darstellungen mit der Form eines Bienenkorbes. Von der Form her wäre der Vergleich mit der einer Eichel sicherlich genauso treffend, und, was die symbolische Beziehung anbelangt, vielleicht sogar naheliegender.

Die Simultaneität des sexuellen und des intellektuellen Moments ist für unsere Betrachtung wichtig, weil heute die meisten Menschen den Baum nur noch als fruchtbare Materie vor Augen haben, während der geistige Aspekt, der im Grunde untrennbar vom materiellen ist, (was dem ganzheitlich erlebenden Menschen „bewußt" ist,) weitgehend vernachlässigt wird.

4.3.1. Der Baum als Mittel zur geistigen Wiedergeburt und absoluten Erkenntnis.

Daß die keltischen Druiden in enger Verbindung mit dem Baum standen, läßt sich auch aus ihrem Namen ableiten: Die Bezeichnung „Druide" läßt sich zurückführen auf Formen wie „Druvid", „D(e)rvid", etc.. Aus dem kleinasiatischen Bereich kennen wir den Derwisch, der sowohl dem Namen nach, als auch in der Funktion dem Druiden verwandt ist. Der Name läßt sich unterteilen in zwei Silben: der- und -vid.

Die erste Silbe der- (auch drw-, dorw-) ist neben ayg- und perkw - einer der drei Urwortstämme, die die Eiche bezeichnen. Wir finden ihn in fast allen indoeuropäischen Sprachen wieder. Zum Beispiel im Slavischen - dèrevo, im Griechischen - „δρυς", (davon Dryaden), im Germanischen - trèo (a.engl.), im Indischen – daru, etc. (s.a. S. 33). Neben den Bedeutungen und Assoziationen, die „Baum", „Holz", in erster Linie aber „Eiche" und deren Eigenschaften, wie hart (durus, im Deutschen „derb") bezeichnen, weist F. Paul eine ganze Menge abstrakter Bedeutungen nach, so z. B. treu, Treue, Vertrauen (trust) ,Wahrheit (truth), tapfer, mutig, Glaube, Vertrag, Sicherheit (sureness), u.a. nach. Auch weist er darauf hin, daß „the Celtic dorw- reflexes show very strong religious connections." (77) Die zweite Silbe -vid finden wir unter anderem im lateinischen videre (sehen). Somit bedeutet Druide wörtlich nichts anderes als „Eichenseher".

Die Druiden erlangten eine hellseherische Fähigkeit durch das Essen von Eicheln, durch das Trinken eines Trankes, dessen Basis ein Absud von Mistelzweigen gewesen sein dürfte, aber wohl auch durch reine Versenkung, bzw. ekstatische Projektion ihrer selbst in das Wesen der Eiche. „The druidic priests worshipped in oak groves, lighted oakwoodfire with oaksticks. ...All this suggests, that the oak was one of the underlying themes in Proto-Indo-European culture, a basic life symbol and a root of myth and sacrament. ...The oak was a nexus of symbolic articulation between the semantic system of the tree names and the cultural system of religious beliefs and ritual concerning the supernatural." (78)

Plinius berichtet, daß die Druiden im Winter die immergrüne Mistel mit goldenen Sicheln von den Eichen schnitten. Dieser Ritus macht den Übergang einer Kulturepoche in die nächste ablesbar: Daß ein göttlicher Baum (im Abschneiden der Misteln ließe sich eventuell eine Kastrations-, bzw. Decapitationssymbolik - Opfer des Gottes - erkennen) im Mittelpunkt steht, bezeugt die Zugehörigkeit des Kultes zur Epoche der Jäger und Sammler, und später auch der Hirten (Nomaden). Die Verwendung der goldenen Sichel aber weist den Kult dem Zeitalter des Ackerbaus und der Seßhaftigkeit zu. Wir dürfen also annehmen, daß der Kult mit seinen Wurzeln vier bis sechstausend Jahre vor unsere Zeitrechnung zurückreicht, d.h., in die Zeit von Kain und Abel fällt. Auch der Keltologe Henry Hubert meint, daß das Druidentum zu den bestimmenden indoeuropäischen Komponenten gehört, und daß seine Ursprünge in der fernsten Vergangenheit indoeuropäischer Gemeinschaften liege. Neben dem Druidentum gab es aber im indoeuropäischen Bereich noch andere Volks- und Religionsgemeinschaften, bei denen die Vorstellung vom Baum als Mittel zu übermenschlicher Erkenntnis eine entscheidende Rolle spielte. Diese Vorstellungen werden häufig als „schamanistisch" zusammengefaßt und begegnen uns bei Natur- und heidnischen Kulturvölkern auf der ganzen Welt immer wieder.

Der Geist des Menschen kann, nach schamanistischer Vorstellung den Körper verlassen und sich mit dem des Baumes oder der Natur überhaupt vereinigen. Diese Vereinigung mit dem Baum gewährt dem Menschen ein absolutes Wissen um die Relativität der Dinge, eine übermenschliche Schau der Welt und des Universums, eine Vision von Licht und Strahlungen, und die Kenntnis von Vergangenheit und Zukunft. „The condition is regarded or felt as one of godlike insight, to such an extent indeed that the one who enters in such a state may be seen as arrogating to himself the power, knowledge and authority of deity. It is a power latent in, or a condition open to, man himself and therefore knows no altar and no god to be revered. Its symbols are thus no anthropomorphic god but the axis mundi, - the tree of life, the cosmic tree, the pillar, the mountain, the ompnalos, the shaft, that descends into the underworld, and the serpent or the lion. ...Such is the essence of Baal-Hammon, whatever accretion of crudely superstitious deification may have growen up about the uniconic image. ... It is ...certain, that a kind of sleep or trance charakterized the cult of Baal-Hammon, and the practice of this condition was known from the Corycian cave in Cicilia, where Typhon was born, to Phoenicia, Libya, Carthage and probably Sardinia and Sicily."(79)

Diese Trance war begleitet von verschiedenen Erscheinungen und Symbolen, die Butterworth auf verschiedenen archaischen Darstellungen nachweist: „Cylinderseals from Cyprus, Syria and Palestine show, that the omphalos sign is used, when arranged in vertically disposed pairs, to symbolize a priest, shaman or sanctified person. The Symbol appears together with the sacred tree or world tree in such a way as to show that the tree and the usually naked man, who several times appears with it, are both present at the same place, the navel of the world. There is reason to think that in some way tree and sanctified person are identified." (79) Oft sind die Priester oder Schamanen (aber auch der Baum) in einem Strahlenkreis dargestellt. Dies deutet auf eine „magische Hitze" hin, die sich im Körper des Schamanen entwickelt, und die ihn befähigt, in einen ekstatischen Zustand zu gelangen. M. Eliade berichtet von indo-tibetanischen Initiationsproben, die darin bestehen, daß „man den Vorbereitungsgrad eines Schülers an seiner Fähigkeit feststellt, unmittelbar auf seinem nackten Körper und mitten im Schnee während einer Winternacht eine große Menge nasser Tücher zu trocknen. ... Die im eigenen Körper hervorgerufene Hitze steht in unmittelbarer Beziehung zur „Feuermeisterschaft" und diese letztere Technik darf mit Grund als außerordentlich archaisch gelten." (80)

So scheint es klar, welches Vergehens sich Prometheus schuldig gemacht hat: Er hat (als Halbgott, d.h., als geheiligte Persönlichkeit) den (gewöhnlichen) Menschen eine Ekstasetechnik beigebracht, die im Erzeugen innerer Hitze bestand und zu einer Trance führte, die göttliche Einsicht bewirkte. In der Sage heißt es dann nur noch, er habe den Menschen „das Feuer" gebracht, und kein Mensch versteht, was denn daran so schlimm sein kann.

Ein ähnlicher Fall ist Tantalus: auch er war eine Art Seher oder Ekstatiker. Er stahl den Göttern Nektar und Ambrosia (Lebenswasser) und gab es seinen Gefährten (auch das im Grunde dieselbe Verletzung der göttlichen Ordnung wie bei Prometheus). Zur Strafe mußte er in einem Wasser stehen, das ihm bis an die Hüften reichte. Sobald er sich aber dürstend danach bückte, wich es zurück. Über seinem Kopf hingen die Zweige eines Baums, vollbeladen mit

Früchten, die, wenn er danach griff, zurück schnellten. Tantalus steht, wenn man die symbolischen Zusammenhänge betrachtet, unter dem Baum des Lebens im Wasser des Lebens und darf doch von keinem der beiden kosten.

Ein universales Symbol für die Kraft, die im Menschen liegt und die ihm zum Übergang in den Zustand der Trance und damit zur Erkenntnis verhilft, ist die Schlange. Ihre Wesensart können wir sehr gut erkennen an einem Beispiel, das im Gegensatz zu ekstatischen schamanistischen Praktiken, eine enstatische, d.h., eine nach innen gewendete Technik aus Indien darstellt.
Das Kundalini – Yoga, in dem der Zustand der Erleuchtung, d.h., der Erkenntnis, durch Meditation und strenge Askese erreicht wird, hat seinen Namen von „Kundalini", einer Schlange, die ihren Sitz im Mittelpunkt des menschlichen Körpers hat. Eingerollt liegt sie dort, auf der Höhe der untersten drei Beckenwirbel, wo auch die sexuelle Kraft des Menschen (und Kundalini ist nichts anderes) verankert ist. Durch die Anwendung einer bestimmten Meditationstechnik entrollt sich die Kundalinischlange und erhebt sich entlang der Wirbelsäule. Dabei durchläuft der Yogi sieben Stadien, welche durch verschiedene Abschnitte auf der Wirbelsäule gekennzeichnet sind, die die Kundalini jeweils erreicht. Währenddessen entwickelt sich eine große Hitze (tapas genannt) die den ganzen Körper durchstrahlt. Je höher der Yogi imstande ist, die Schlange aufsteigen zu lassen, um so höher ist der Grad seiner Erkenntnis, sein Einssein mit der Natur. Die höchste Meisterschaft ist erreicht, wenn sich die Kundalini von einem zum anderen Ende der Wirbelsäule, vom Becken bis zum Gehirn erstreckt.
So symbolisiert die Schlange eine bipolare Kraft im Menschen, die Geist und Materie im Sexuellen verbindet. Sie ist ursprünglich jenseits von Gut und Böse, ähnlich wie das chinesische yin-yang. Die Trennung der beiden Extreme ist eine spätere Entwicklung. Die Schlange verkörpert dann nur noch eines von beiden. Ihr Gegenstück wird der Vogel, meist der Adler. So im indischen Kult um Vishnu, in dem sich die Schlange (Naga) und der Adler (Garuda) bis aufs Blut bekämpfen. (Beide sind jedoch unsterblich.)
In der Edda (Grimnismal, 32) steht der Schlange (Nidhogg), die an den Wurzeln des Weltenbaums nagt, der Adler in dessen Wipfel gegenüber. Die Schlange verkörpert das erdhafte, chthonische, weiblich-mütterliche, materiell-sexuelle, der Vogel hingegen das himmlische, männlich – väterliche, geistige Prinzip. Dieser Einteilung entspricht auch die Unterscheidung zwischen schwarzen Schamanen, die in die Unterwelt hinabfahren und mit den Mächten des Bösen in Verbindung stehen, und den weissen Schamanen, die auf den Weltenbaum (, der dabei zum Baum der Erkenntnis wird), in den Himmel zu den (guten) Göttern aufsteigen. Daß diese Trennung eine relativ

späte Entwicklung ist, zeigt Butterworth u.a. am Beispiel von Kastor (chthonisch) und Pollux(celestisch), die ursprünglich eine Einheit bildeten.

Auch in der Baumsymbolik schlug sich diese Dualität nieder: Wenn zwei Bäume an einem heiligen (zentralen) Ort stehen, so steht der eine (linke) für die chthonischen Beziehungen des Menschen (Abstieg in die Unterwelt), der andere (rechte) aber für den Aufstieg in den Himmel. Bei den asiatischen Schamanen geht, wie M. Eliade zeigt, dem Aufstieg in den Himmel häufig der Abstieg in die Unterwelt voraus. Meist wird dann der Schamane sowohl als schwarz, als auch als weiß bezeichnet. Es ist hier noch die ursprüngliche Einheit erkennbar.

Der Weltenbaum wird also für denMenschen zum Baum der Erkenntnis. Indem der Mensch ihm innewohnende (magische) Kräfte mit Hilfe von Ekstase oder Meditation aktiviert, wird es ihm möglich, sich selbst in den Baum, der als Weltenbaum der Kosmos ist, hinein zu projizieren. Dabei wird ihm eine Erleuchtung zuteil, die ihm alles (zeitlich und räumlich) vergegenwärtigt. Deshalb kann der Seher (Schamane oder Yogi) nach der Rückkehr von seiner Reise Vergangenes und Zukünftiges wahrsagen; er bringt Nachrichten von Verstorbenen aus der Unterwelt, er weiß wo Vermißte zu suchen sind, er kennt die Ursachen der Krankheiten und die Mittel, die diese aufheben. Indem er zum Baum wird, dringt er ein in die Gesetze alles Lebenden, welche der Baum verkörpert.

Die Rückkehr von seiner geistigen Reise in außerirdische Welten aber ist für den Schamanen eine geistige Wiedergeburt. M.Eliade berichtet, daß der Körper des asiatischen Schamanen während dessen Trance oft wie leblos daliege. Wenn der „Geist-Körper" des Schamanen während seiner Reise, die nicht ungefährlich ist, eine Verletzung erleide, so könne man deren Spuren auch an seinem „Stoff-Körper" feststellen. Gelange er aber wohlbehalten in seinen Körper zurück, so erhebe sich dieser wie neugeboren. Sicherlich sind die meisten Mythen von körperlicher Wiedergeburt auf ursprünglich geistige Todes- und Wiedergeburtserlebnisse zurückzuführen. Die Frage, ob sich beide grundsätzlich unterscheiden, können wir hier leider nicht beantworten.

„Von dem nordindischen Fürstensohn Gautama wir berichtet, daß er mit 29 Jahren in der gelben Tracht der indischen Einsiedler seine Heimat verließ, um in der irdischen Heimatlosigkeit die ewige Heimat zu finden. Nach sieben Jahren der Wanderung, der Askese und des Studiums gelangte er an einen abgeschiedenen Ort, wo er sich mit gekreuzten Beinen und aufgerichtetem Leib unter einen Feigenbaum setzte, fest entschlossen, nicht eher wieder sich zu erheben, als bis die Erleuchtung über ihn gekommen. Und eines Nachts erreichte er es, die Kette seiner früheren Daseinsformen zu schauen und seine Erkenntnis auf das Verschwinden und Erscheinen der Wesen zu richten. Seither nennt man ihn Buddha, den Erleuchteten, und jener Baum ist der Bodhibaum, der Baum der Erleuchtung. Eine Tochter des Königs Acoka hat angeblich einen Ableger dieses heiligen Baumes von Indien nach Ceylon gebracht, wo er heute noch grünt. Zu jedem buddhistischen Tempel und zu jedem Klosterbezirk gehört eine ficus religiosa." (81)

Auch in der germanischen Mythologie erscheint der Baum deutlich als Baum der Erkenntnis. Um die Runen zu (er)finden und durch sie geheimer Weisheit mächtig zu werden, opferte Odin sich selbst, indem er an der Weltesche sich aufhängte und mit dem Speer verwundete. Deshalb heißt auch der Baum, an dem er sich aufhängte „Yggdrasil", was bedeutet „Ygg's (Ygg - der Schreckliche = Odin) Roß" (Havamal;138). Auch kannte Odin und übte nach Snorri die „seidr" genannte Magie aus. Mit ihrer Hilfe konnte er Tod, Unglück und Krankheit verursachen. Diese Art der Magie war aber hauptsächlich den Frauen vorbehalten, - Odin erlernte sie von Freyja. Deshalb machte auch Loki Odin vor den Göttern verächtlich: „von Haus zu Haus als Hexe zogst du, Weibern an Wesen gleich." (Lokasenna, 24) „Die „seidkona" zieht von Hof zu Hof, um die Zukunft vorauszusagen. ...Die Musik spielt bei der Vorbereitung ihrer Ekstase eine wesentliche Rolle. Während der Trance verläßt die Seele der „seidkona" den Körper.
Daß die Esche Yggdrasil den Göttern Erkenntnis gewährt, bezeugt auch die Tatsache, daß bei ihr „die Götter (Asen) alle Tage ihr Gericht halten." (Gylfaginning,15).
Wir haben bereits von der Linde, die der Liebesgöttin Freyja als „Tanzlinde" geweiht war, gehört (S. 42). Daneben war Freyja als Anima der Germanen auch mit magischen und seherischen Kräften begabt und konnte diese auch anderen (z.B. Odin) verleihen. Deshalb hielten die alten Germanen ihr Thing unter einer Linde ab. Und bis in die zweite Hälfte des vorigen (19.!) Jahrhunderts wurde in deutschen Städten noch im Freien unter der „Gerichtslinde" Recht gesprochen. Der Richter, der in späterer Zeit den Priester oder Schamanen in einer seiner Funktionen ablöste, hatte wie sein Vorgänger noch unter dem Baum die rechte Erkenntnis und konnte somit zwischen gut und böse, schuldig und unschuldig, gerecht unterscheiden.
Wenn wir nun bedenken, daß Tanz und Sehertum direkt miteinander verbunden waren, da doch der ekstatische Tanz zur erleuchtenden Schau führte, so erscheint es durchaus wahrscheinlich, daß Tanz- und Gerichtslinde ursprünglich ein- und dasselbe waren. Schließlich waren sie ja auch ein- und derselben Göttin geweiht. Auch hier sehen wir wieder die (späte) Trennung des sexuellen und des intellektuellen Moments.

Auch der Tanz unter dem Maibaum (s.a. S. 25) und die Tatsache, daß ihn die jungen Burschen erklettern, was vielleicht ursprünglich mit dem Herauswachsen aus dem Kindesalter zusammengefallen sein mag und als Zeichen dafür galt, -warum sollten wir das nicht als dekadierte Form eines ehemals schamanistischen Initiationsritus betrachten? Auch Z.Mayani vermutet, daß die Baumsäule, welche alljährlich zu Ehren Osiris im alten Ägypten errichtet wurde, ein Vorläufer des Maibaums sei. (83)

Es gibt noch eine ganze Reihe solcher Bräuche und ehemaliger Riten im deutschen Volkstum, die noch an den Baum als Mittel zur Erkenntnis erinnern. Das auf S. 49 zitierte „Lästeln" ist ein Beispiel dafür. H.Marzell berichtet aus Oldenburg folgendes Ernteorakel: „Wenn es viele Eicheln gibt, so wird die Roggenernte im nächsten Jahr gut." „Im Orakelwesen diente die Birke als der Lebensfrische, die pflanzliche, aber auch die menschliche Fruchtbarkeit symbolisierende Baum zur Erkennung des zukünftigen Ehegatten. Im Kreis Kosten (Posen) verschaffen sich die Bauernmägde vor Johanni drei Birkenzweige. Dem einen wird die ganze Rinde gelassen, der zweite wird zur Hälfte, der dritte ganz geschält. Beim Schlafengehen lassen sie sich diese von einer anderen Magd unter das Kissen legen und am nächsten Morgen ziehen sie erwartungsvoll einen der drei Zweige heraus. Ist es der mit Rinde bedeckte Zweig, so wird ein reicher Mann der Freier sein, ist es der halb entrindete, ein mäßig reicher und ist es der rindenlose, so wird das Mädchen einen armen Mann bekommen." (84)

Auch aus dem folgenden Aberglauben läßt sich der ursprüngliche Aspekt des Baumes als Mittel zur Erkenntnis ablesen, obwohl der Begriff des Erkennens, wie bei allen diesen Spätformen sehr eng gefaßt ist. „Erkennen kann man die Hexen einer Gemeinde, wenn man während der Christmette auf einem Schamel aus Wacholderholz sitzt, - ein niederösterreichischer Glaube. Im allgemeinen heißt es, daß sich zu diesem Zwecke - Erkennen der Hexen - ein Schemel aus neunerlei Holz eignet. Ich erinnere mich, solche Schemel zum „Hexenerkennen" im Budapester ethnographischen Museum gesehen zu haben." (85)

Alle diese Bräuche lassen bei genauerer Untersuchung noch die Wurzeln des alten Kults durchscheinen. Sie sind wie ein altes Bild über das der Rauch der Geschichte im Lauf von Jahrtausenden Schicht um Schicht gelegt hat. Das Bild aber, das unter diesem Schleier verborgen liegt, zeigt sich, wenn wir die Rauchschichten abkratzen, heute so lebendig wie zu Adams Zeiten.

4.3.2. Der Baum der Erkenntnis in der jüdisch- christlichen Welt.

Die Frage, ob der Baum des Lebens und der Erkenntnis tatsächlich zwei Bäume oder nur zwei Aspekte eines einzigen Baumes gewesen sei, ist viel diskutiert worden. Die einen sagen, in der Mitte könne nur ein Baum stehen, oder: Leben und Erkenntnis bilden eine untrennbare Einheit und können folglich auch nicht von zwei verschiedenen Bäumen kommen. Andere halten sich an den Wortlaut der Bibel, wo verschiedentlich die beiden Bäume einzeln genannt werden. In Gen. III,23 tritt sogar deutlich ihr Gegensatz hervor.
Für uns ist diese Frage von geringerer Wichtigkeit. Um die Bedeutung des Baumes als Mittel zur Erkenntnis in der jüdisch-christlichen Glaubenswelt zu besprechen, genügt es, den Aspekt als solchen zu betrachten. Wir müssen hierzu zunächst die Art des Vergehens, dessen sich Adam und Eva schuldig gemacht haben, genauer betrachten.

4.3.2.1. Paradiesesbaum und Sündenfall.

Gott sprach zu Adam: „Von allen Bäumen des Gartens darfst du essen, nur von dem Baum der Erkenntnis von Gut und Böse darfst du nicht essen; denn an dem Tage, da du davon issest, mußt du sterben." (Gen. II, 16,17) Diese Drohung Gottes erwies sich als leer. Vielmehr redete die verführerische Schlange die Wahrheit, welche zum Weib sprach: „Ihr werdet mitnichten des Todes sterben, sondern Gott weiß, daß, welchen Tages ihr davon esset, so werden eure Augen aufgetan und ihr werdet sein wie Gott und wissen, was gut und böse ist." (Gen. III,4,5) Denn als Eva und Adam den Apfel gegessen hatten, „da gingen beider Augen auf und sie erkannten, daß sie nackt waren." (Gen. III,7) Gott aber sprach für sich: „Siehe, der Mensch ist geworden wie unsereiner, und weiß, was gut und böse ist. Nun aber, daß er nicht ausstrecke seine Hand, und breche auch von dem Baum des Lebens, und lebe ewiglich!" (Gen. III,23)
Wir haben bereits gesehen, daß in heidnischen Kulten der heilige Mensch, der Seher, der Schamane, mit Hilfe einer inneren Kraft, die durch die Schlange symbolisiert wird, sich mit dem Baum vereinigen kann, und dadurch übermenschliche, göttliche Einsicht erlangt.Es ist also wohl eine naheliegende Deutung, zu sagen, Adam und Eva hätten einen Kult praktiziert, der zumindest große Ähnlichkeit mit schamanistischen Praktiken hatte: Durch die Anregung der Schlange haben sie sich mit dem Baum vereinigt, was symbolisch dadurch wiedergegeben wird, daß sie sich dessen Frucht einverleiben. Dadurch gelangte der Mensch zu göttlicher Erkenntnis, welche ihn das Wesen,

die Relativität der Gegensätze in Wirkung und Konsequenzen, (welche man in Worten freilich kaum auszudrücken vermag,) schauen ließ. Daß er dabei auch das Patriarchat und den Gott, der dieses zum obersten Prinzip erklärt hatte, lediglich als einen von zwei Polen, welche erst zusammen ein Ganzes bilden, erkannte, und daß dadurch natürlich auch dessen Allmacht und Allwissenheit, und die von ihm daraus abgeleitete Autorität für den Menschen in einem neuen Licht erschien, konnte dieser eifersüchtige Gott unmöglich dulden, und bestrafte den Menschen aufs empfindlichste. „Es ist klar, daß dieser unvermeidliche Dualismus schon damals, wie auch später, nicht recht ins monotheistische Konzept passen wollte, weil er auf eine metaphysische Zwiespältigkeit hinweist. Dieser Spalt muß, wie wir aus der Geschichte wissen, durch Jahrhunderte immer wieder geflickt, verheimlicht, oder gar geleugnet werden." (86)

Auch die Nacktheit Adams und Evas spricht laut Butterworth für den schamanistischen Charakter der Handlung, die die beiden begangen hatten. Daß sie ihre Nacktheit erkannten, bedeutet aber, daß sie sich ihres Sehertums bewußt waren. Und so ist auch ihre Furcht vor dem zornigen, eifersüchtigen Gott verständlich.

Die Schlange wird als sexuell-intellektuelle, matriarchalische Energie, von dem patriarchalischen Gott, der sich selbst als gut definiert, und vom Menschen, wegen seiner Übermacht notgedrungen als solcher anerkannt wird, als Widersacher des Gottes zur Personifizierung des Bösen abgestempelt. (Trotzdem symbolisiert die Schlange in der christlichen Kunst gelegentlich Weisheit, Klugheit, und auch die Auferstehung, - sie häutet sich. (87)

Ebenso wird der Baum und der in ihm ruhende Kult, wie wir schon gesehen haben (S. 28), hartnäckig diskriminiert und bekämpft. Sicher liegt in dieser erfolgreichen Negierung des Baumes einer der Hauptgünde für das gestörte Verhältnis des heutigen Menschen zur Natur und damit zu sich selbst. Schließlich „versinnbildlicht der Baum nicht nur die geschlossene innere Lebensbewegung, die den äußeren und inneren Kosmos durchpulst und zusammenhält. Er ist zugleich Erkenntnis der Einheit des Seins in der Vielheit der Spannungen.(88)

4.3.2.2. Anima und Baum im jüdisch- christlichen Weltbild.

Trotz der Abneigung des jüdischen Gottes gegen den Baum und das mit diesem verbundene dualistische Prinzip, konnte die Bibel doch nicht umhin, die Existenz einer Urmutter zumindest andeutungsweise zuzugestehen. Wir haben dies bereits am Beispiel der Maria (S. 36, 39) und der Eva-Lilith (S. 28) gesehen. Zu diesen beiden gehört noch ein drittes Bild des Animaarchetyps. Es ist dies die eigentlich erste Urmutter, von der wir aber erst relativ spät in der Bibel erfahren, es ist Sofia, die Weisheit, die von sich sagt:

„Noch ehe die Meere waren, ward ich geboren,
noch vor den Quellen, reich an Wasser.

....

Als er die Grundfesten der Erde legte,
da war ich als Liebling ihm zur Seite,
war lauter Entzücken, Tag für Tag
und spielte vor ihm allezeit,
spielte auf dem Erdenrund
und hatte mein Ergötzen an den Menschenkindern.

(Spr.8,22-31)

Eine weitere Quelle zur Weisheit ist die Spruchsammlung Jesu Sirachs. Die Weisheit spricht über sich selber:

Vor aller Zeit, von Anfang an hat er mich geschaffen,
und in Ewigkeit werde ich kein Ende nehmen.
Im heiligen Zelte diente ich vor ihm,
und ebenso erhielt ich in Zion einen festen Sitz.
In der Stadt, die er liebte wie mich, ließ ich mich nieder,
und übte in Jerusalem meine Macht aus.

....

Wie eine Zeder auf dem Libanon wuchs ich in die Höhe,
wie eine Zypresse auf den Bergen des Hermon;
wie eine Palme zu Engedi schoß ich auf
und wie Rosensträuche zu Jericho;
wie ein stattlicher Ölbaum in der Niederung
und wie eine Platane am Wasser ragte ich empor.
Wie Zimt und Würzbalsam duftete ich
und verbreitete Wohlgeruch wie erlesene Myrrhe.

....

Wie eine Terebinthe breitete ich meine Wurzeln aus,
und meine Zweige waren voll Pracht und Anmut;
wie ein Weinstock sproßte ich lieblich auf,
und meine Triebe waren voll Schönheit und Reichtum.
Ich bin die Mutter der edlen Liebe,
der Frucht der Erkenntnis und der heiligen Hoffnung;
ich werde allen meinen Kindern geschenkt,
als ewige (Gabe) aber nur denen, die von Gott erwählt sind.

(J. Sir. 24,3-18)

„Die Weisheit bezeichnet sich selber als Logos, als Wort Gottes. Als die Ruach, der Geist Gottes, hat sie im Anfang die Tiefe inkubiert. Wie Gott hat sie ihren Thron im Himmel. Als kosmogonisches Pneuma durchdringt sie Himmel und Erde und alle Geschöpfe.

Sie ist das weibliche Numen der „Metropolis" par excellence, der Mutterstadt Jerusalem. Sie ist Mutter-Geliebte, ein Abbild der Ishtar, der heidnischen Stadtgöttin. Dies wird bestätigt durch die ausführliche Vergleichung der Weisheit mit Bäumen wie Zeder, Palme, Terebinthe, Ölbaum, Zypresse etc.. Alle diese Bäume sind seit alters Symbole der semitischen Liebes- und Muttergöttin. Neben ihrem Altar an hochgelegenen Orten stand ein heiliger Baum. Im Alten Testament sind Eichen und Terebinthe Orakelbäume. David konsultiert ein Maulbeerbaumorakel (2.Sam. 5, 23, f.). Auch repräsentiert der Baum (babylonisch) Tammuz, den Sohngeliebten, wie Osiris, Adonis, Attis, Dionysos, die früh sterbenden Götter Vorderasiens. Alle diese symbolischen Attribute erscheinen auch im Hohenlied, wo sie beide, den Sponsus sowohl wie die Sponsa, charakterisieren. Der Weinstock, die Traube, die Weinblüte und der Weinberg spielen eine beträchtliche Rolle. Der Geliebte ist wie ein Apfelbaum. Von den Bergen (den Kultstätten der Muttergöttin) soll die Geliebte heruntersteigen, von den Wohnstätten der Löwen und Panther (Hl. 4,8); ihr „Schoß ist ein Park von Granatbäumen mit allerlei köstlichen Früchten, Cypertrauben... Narde und Safran, Gewürzrohr und Zimt...Myrrhen und Aloe mit den allerbesten Balsamen." (Hl. 4,13-14) Ihre Hände triefen von Myrrhe (Hl. 5,5) (Adonis ist aus der Myrrhe geboren!),, . (89)

Daß der Bräutigam des Hohenliedes, der auch „Salomo" genannt wird, mit außerjüdischen Kulten in Verbindung stand können wir auch aus der Stelle schließen, wo es heißt: „Einen Weinberg hatte Salomo in Baal-Hammon; er übergab an die Wächter den Weinberg." (Hl. 8,11) Man könnte das frei etwa so übersetzen: Salomo besetzte eine Führende Stellung (als Priester oder Schamane) in einem Baumkult, der Baal-Hammon geweiht war. Als er (aus unbekannten, vielleicht politischen Gründen) im Volk der Juden zum König (Hohenpriester) wurde, konnte er seine frühere Aufgabe natürlich nicht mehr persönlich erfüllen und setzte darum vertraute (Wächter) ein, die sein Amt weiterführen konnten. In einer ähnlichen Stellung mag Aaron gewesen sein. Aus der Tatsache, daß sich sein Stab einmal in eine Schlange verwandelt, ein andermal sich über Nacht begrünt, schließt Butterworth auf dessen schamanistische Fähigkeiten und Herkunft.

Neben der neutestamentlichen, katholischen Anima-Maria finden wir in Dantes Werk eine direkte Entsprechung zur alten Sofia in der Figur der Beatrice. Diese tritt uns bereits im Anfang der „Vita Nuova" im roten Kleid entgegen (rot ist die Farbe der Liebe, der Fruchtbarkeit, der Anima schlechthin), und wird im weiteren Verlauf des Buches zu einer neuen Sofia, einer Anima, deren Akzent aber auf dem Geistigen liegt. In der "Divina Comedia" begegnet Dante der früh verstorbenen Jugendliebe aus der Vita Nuova dann als eigentlicher Himmelskönigin wieder, - Maria erscheint in seinem Bericht vergleichsweise unterbelichtet und unscharf. Auf der Schwelle zum Paradies kommt ihm Beatrice jetzt im grünen Mantel (grün war im Mittelalter auch die Farbe der Hexen) entgegen. Ihr Auftreten wird mit einem Vers aus dem Hohenlied „komm, o Braut, vom Libanon", angekündigt, denn im Libanon stehen die Zedern der alten Göttin, der Muttergeliebten, als welche auch Beatrice erscheint.

Überhaupt zeigt sich Dante in der Divina Comedia weniger von christlichen Vorstellungen geprägt, obwohl das Werk unter christlichen Vorzeichen geschrieben erscheint. Das Thema aber, die Grundmelodie, wie sich sowohl im großen Aufbau, als auch in den Details (s.a. S.22,f.) erkennen läßt, entspringt vielmehr heidnischen, ja schamanistischen Vorstellungen. Dante gibt einen Bericht von seiner Reise ins Jenseits, das nur wenige Auserwählte jemals lebendig betreten und wieder verlassen haben, wie z.B. Orpheus. Wie der nordasiatische Schamane durchschreitet er die außerirdischen Welten, die, sowohl die Hölle (Unterwelt), als auch das Paradies (Himmel), wie im Schamanismus in neun Stockwerke unterteilt sind, eine Vorstellung, die sonst in der christlichen Glaubenswelt kaum begegnet. (Wahrscheinlich deshalb bc gründet Dante auch so ausführlich, warum diese Einteilung berechtigt ist, und der christlichen Vorstellung nicht widerspricht.) Die Gesamtheit der himmlischen Sphären vergleicht der Dichter einem umgekehrten Baum, welchen er auch als Baum der Erkenntnis ausweist. Dieses Bild des umgekehrten Baumes kennen wir auch aus Indien. In der Katha Upanishad lesen wir von diesem Baum, der Açvatha (d.i.Ficus religiosa) heißt: „Dieser ewige Açvatha, dessen Wurzeln nach oben und dessen Äste nach unten gehen, ist das reine, ist das Brahman, ist das, was man den Nicht-Tod nennt. Alle Welten ruhen in ihm..." (91) Auch die Alchemisten des Mittelalters kannten diesen umgekehrten Baum als „arbor inversa".

Wie der Schamane auf seiner Reise seine himmlische Schamanengattin trifft, so begegnet Dante seiner Beatrice. Diese erklärt ihm die Gesetze des Weltgeschehens. Wie auch die Geister der Toten, denen er begegnet, gibt sie ihm Auskunft über vergangene und vor allem zukünftige Ereignisse auf der Erde. Dadurch wird er, wie der Schamane, zum Seher und Propheten. In seiner Divina Comedia sagt er seinen Zeitgenossen unbekannte vergangene, vor allem aber zu erwartende (meist politische) Ereignisse wahr.

In Dantes Werk offenbart sich also ein archaisches, heidnisches Weltbild, über welches sich christliche Vorstellungen lediglich wie ein Überzug gelegt haben. Der Kern aber ist so alt wie der Mensch. Im himmlischen Baum, dem das Urweibliche und das Urmännliche in gleicher Weise innewohnen, liegt für den Menschen der Weg zu transzendentaler Erkenntnis und zur geistigen Wiedergeburt. Vielleicht ist es diese Ursprünglichkeit, die uns in Dantes Werk auch heute noch so beeindruckt, auch wenn wir die genaueren Zusammenhänge oft nur ahnen können.

Inwieweit der heutige Mensch dieses alte Baum- und Naturbild noch in sich trägt, und inwieweit er fähig ist, es wieder zu verstehen, wollen wir im nächsten Kapitel besprechen.

5. Die psychischen Beziehungen zwischen dem heutigen Menschen und dem Baum.

Die moderne Psychologie hat verschiedentlich gezeigt, daß auch in der Psyche des heutigen Menschen die Vorstellung des Baumes und der mit diesem verbundenen allgemeinen symbolischen Bedeutungen keine geringe Rolle spielt. Wir wollen hier zunächst auf zwei Gesichtspunkte besonders zu sprechen kommen:

1. taucht der Baum als allgemeines Symbol der Menschheit auch in der Psyche des heutigen Menschen immer wieder auf.
2. hat es sich gezeigt, daß der Mensch vor allem in bildnerischen Darstellungen so exakte Parallelen zwischen sich und dem Baum sieht, daß diese sich sogar zu psychologischen Analysetests verwenden lassen.

Diese beiden Aspekte gewinnen an Tragweite durch die erst in jüngster Zeit gemachte Entdeckung, daß dieser Bezug zum Baum nicht einseitig ist, sondern daß auch der Baum oder die Pflanze fähig ist, Reaktionen zu zeigen, die den psychischen des Menschen verblüffend ähnlich sind.

5.1. Der Baum als archetypisches Symbol beim heutigen Menschen.

Die Archetypen stellen nach C. G. Jung ein Schema von mehr oder weniger abstrakten Bedeutungen dar, die im Bewußtsein wurzeln und dieses strukturieren. „Das Unbewußte liefert sozusagen die archetypische Form, die an sich leer und daher unvorstellbar ist. Vom Bewußtsein her aber wird sie sofort durch verwandtes oder ähnliches Vorstellungsmaterial aufgefüllt und wahrnehmbar gemacht." (92) (vgl. S. 17) Dies geschieht mit Hilfe der Symbole, die eine Art Gefäße für die archetypischen Inhalte des Unbewußten darstellen.

„Ein Bild ist dann als archetypisch aufzufassen, wenn es in identischer Form und Bedeutung in den Dokumenten der Menschheitsgeschichte nachgewiesen werden kann." (93) Ein solches archetypisches Bild oder Symbol ist der Baum, wenn wir ihn in einem Traum oder Mythos, auf einem Gemälde, beim religiösen Ritus oder im Volksbrauch begegnen. „Im Archetyp konzentriert sich das Sein in einem „Bild", und jedes wirkliche Bild schwingt wieder auf das Sein zurück." (94) C. G. Jung hat den archetypischen Charakter des Baumsymbols am Beispiel der „arbor philosophica" der mittelalterlichen Alchemisten dargestellt. Diese vereinigt in sich die wichtigsten Aspekte des Symbols, welche wir bisher anhand ursprünglicherer Beispiele beobachtet haben.

„Mit dem Untergang der Alchemie ist die symbolische Einheit von Geist und Stoff zerfallen, und infolgedessen findet sich der moderne Mensch entwurzelt und fremd in einer entseelten Natur vor. Die Alchemie hat die Vereinigung der Gegensätze unter dem Symbol des Baumes gesehen, und es ist daher nicht weiter erstaunlich, daß das Unbewußte des heutigen Menschen, der sich in seiner Welt nicht mehr zu Hause fühlt und sein Dasein weder auf dem nicht mehr seienden Vergangenen, noch auf dem noch nicht seienden Zukünftigen begründen kann, wieder auf das Symbol des in dieser Welt wurzelnden und zum Himmelspol emporwachsenden Weltenbaumes, welcher auch der Mensch ist, zurückgreift." (95)

Die große Rolle, die der Baum als Symbol des Kosmos, des Lebens und der Erkenntnis spielt, zeigt Jung auf anhand von 32 Zeichnungen und Gemälden, die von Patienten und auch von „gesunden" Zeitgenossen verfertigt worden sind. Er zeigt in den Kommentaren zu dieser Bilderserie, daß die symbolischen Bedeutungen, welche auch wir für den Baum in den letzten Kapiteln aufgewiesen haben, einschließlich der mit dem Baum eng verbundenen Symbole, wie Berg, Wasser, Schlange, Urmutter, Vogel, etc., auch im Unbewußten des heutigen Menschen vorhanden sind. Er zeigt auch, daß diese Symbole, ohne daß der Mensch bewußte Kenntnis der zugehörigen Mythen besitzt, aus dem Unbewußten hervortreten und somit wirksam werden. Jung bestätigt, daß „in keinem einzigen Fall vorher eine Kenntnis der Alchemie, noch eine solche des Schamanismus vorhanden war. ..Zudem sind 19 von 31 Bildern in einer Zeit gezeichnet worden, da er selber mit der Alchemie

64

noch nicht bekannt war, und die restlichen 12 vor der Veröffentlichung seines Buches über Alchemie." (96)Trotzdem kam Jung zu dem Ergebnis, daß der Baum als spontanes Produkt des Unbewußten im modernen Menschen wenig in der, im Bewußtsein vorhandenen Form des Weihnachts- oder Paradiesesbaumes auftritt. Vielmehr verhält es sich so, daß „die uns schon längst nicht mehr geläufigen Vorstellungen von Baumnymphen den Typus des Paradieses- und Weihhachtsbaumes überwiegt; ja, wir finden sogar Andeutungen des obsoleten Weltenbaumes und der arbor inversa, welche zwar aus der Kabbala in die Alchemie eingedrungen sind, aber sonst in unserem Kulturkreis nirgends eine Rolle spielen. Wir befinden uns aber mit unserem Material in bester Übereinstimmung mit den weit verbreiteten, relativ primitiven schamanistischen Vorstellungen, von der mit dem Baume verbundenen Schamanengattin." (97)

Wir sehen also, daß auch der heutige Mensch, selbst wenn er sich dessen nicht bewußt wird, fähig ist, den Baum in ähnlicher Weise zu erleben, wie seine (primitiven) Urahnen vor tausenden von Jahren.

Diese (unbewußte) Erlebensart aber erfuhr, aufgrund der Emanzipation des menschlichen Bewußtseins und der damit verbundenen Dekadenz der psychischen Wahrnehmungsfähigkeit, eine so starke Abwertung, daß sie schließlich als Einbildung abgetan, und als nicht die Wirklichkeit betreffend, negiert werden konnten.

Auf welche Weise das Bewußtsein des modernen Menschen diesen Konflikt üblicherweise erklärt, beschreibt Jung folgendermaßen: „Da wir auf der gegenwärtigen Bewußtseinsstufe nicht annehmen können, daß es Baumdämonen gibt, so sind wir gezwungen, zu behaupten, der Primitive halluziniere, d.h., er höre sein Unbewußtes, das sich in den Baum projiziert hat. Besteht diese Aussage zu Recht - und ich wüßte nicht, wie wir es heutzutage anders formulieren könnten - so hätte eine zweite Bewußtseinsstufe es fertiggebracht, zwischen dem indifferenten Objekt „Baum" und dem darein Projizierten unbewußten Inhalt zu unterscheiden, womit sie gewissermaßen einen Akt der Aufklärung zustande gebracht hat. Die dritte Stufe sodann greift noch höher, indem sie dem vom Objekt getrennten psychischen Inhalt das Atribut „böse" zuschreibt. Eine vierte Stufe endlich, nämlich die Stufe unseres heutigen Bewußtseins, geht in der Aufklärung noch weiter, indem sie die objektive Existenz des „Geistes" leugnet und behauptet, der Primitive habe überhaupt nichts gehört, sondern bloß halluziniert bzw. gemeint, er höre etwas. ... Damit ist der böse Geist in seinem Nichtsein erkannt. ... Die fünfte Stufe endlich ist der Meinung, etwas sei doch passiert, und wenn der psychische Inhalt schon nicht der Baum und kein Geist im Baume und überhaupt kein Geist sei, so sei er doch ein aus dem Unbewußten hervor drängendes Phänomen, dem die

Existenz nicht abgesprochen werden könne, insofern man gesonnen sei, der Psyche irgendwelche Wirklichkeit beizumessen." (98)

Dieses Dilemma scheint zunächst ausweglos. Doch bleibt die Hoffnung, daß der Mensch, der „vergeblich seine Existenz sucht und daraus eine Philosophie macht, durch das Erlebnis symbolischer Wirklichkeit den Rückweg in jene Welt findet, in der er kein Fremdling ist."(99)

5.2. Der Baumtest von K. Koch.

Zeichnen sie bitte, bevor sie weiterlesen, auf ein Blatt Papier einen Baum!

Die Stärke der emotionalen Beziehungen, die der Mensch zum Baum hat, läßt sich auch ablesen an der Tatsache, daß der Baum, wie kaum ein anderes lebendes Objekt unserer Umwelt geeignet ist, dem Menschen als Spiegel für sein eigenes Wesen zu dienen. Die Analogie zwischen Mensch und Baum in der Vorstellung des Menschen zeigt sich so stark, daß es möglich war, einen psychologischen Test zu entwickeln, der auf dieser inneren Konvergenz beruht. Auch Jung weist auf diese Möglichkeit bereits hin. „Wenn die Phantasievorstellungen zeichnerisch dargestellt werden, so ergeben sich häufig symmetrische Gebilde, die in ihrem Querschnitt ein Mandala darstellen würden. Insofern nun letzteres eine Aufsicht des Selbstsymbols darstellt, bedeutet der Baum soviel als eine Ansicht desselben, d.h., er stellt das Selbst als einen Wachstumsvorgang dar." (100)

Aufgrund eingehender Kenntnis der Mythengeschichte kam der Schweizer Berufsberater Emil Jucker auf den Gedanken, durch das Zeichnen von Bäumen Seinsschichten der Gesamtpersönlichkeit eines Menschen aufzudecken. Das zunächst intuitive Ausdeuten von Baumzeichnungen wurde von Karl Koch zu dem bekannten „Baumtest" weiterentwickelt. Die Baumzeichnung ist Träger der Projektion. Das Objekt „Baum" wird in der Zeichnung subjektiv geformt. Die Zeichnung besitzt „eine innere Verwandtschaft zum Baumschema der Seele."(101)

Die als Träger der Projektion dienende Baumzeichnung vermag ein wertvolles und dabei doch leicht anwendbares psychodiagnostisches Hilfsmittel abzugeben. Zwar sind die Ergebnisse selten ausreichend für ein volles Persönlichkeitsbild, aber sie liefern wertvolle Beiträge. Die Testsituation ist einfach: Der Zeichner erhält ein Blatt Papier, Bleistift, Radiergummi und die Aufforderung, einen Obstbaum zu zeichnen. Die Baumzeichnungen allein mit Intuition zu deuten „ist reizvoll und unbefriedigend in einem". Zwar läßt die Baumzeichnung ein ganzheitliches intuitives Erfassen zu, kann aber die auf Einzeluntersuchungen aufbauende Merkmalsanalyse nicht ersetzen. Zur Untersuchung empfiehlt Koch das Einzeichnen eines Achsenkreuzes und des Rahmens, „und zwar so, daß die Mitte des Stammes beim Übergang Stamm-Krone als Kreuzungspunkt genommen wird für alle Messungen." Koch überträgt die aus der Graphologie bekannte Deutung der Oberlänge auf den Baum. Eine Betonung der Oberlänge lasse auf geistige Neigungen schließen, großenteils verbunden mit einer Hingabe ans Übersinnliche; Mangel an Realitätssinn und eventuelle Verkümmerung des Vitalen zeigen die negative Seite. Eine Betonung der Unterlänge deutet auf eine Gefühls- und Gemütsansprechbarkeit und eine „Lebhaftigkeit dem Sinnlichen gegenüber",aber auch auf „mangelnde Bewußtheit."

Eine ziemliche Konstanz durch alle Lebensstufen zeigt das Verhältnis von linker zu rechter Kronenhälfte, es beträgt 1:1,3; die rechte Kronenhälfte ist also im Durchschnitt immer etwas breiter als die linke. Von einer Rechtsbetonung kann man sprechen, wenn die rechte Kronenhälfte noch stärker hervorgehoben wird. Die Rechtsbetonung spricht für Extraversion und Erlebnisdrang, kann aber auch Geltungsbedürfnis und Beeinflußbarkeit anzeigen. Die Linksbetonung deutet auf Introversion und Beschaulichkeit, aber auch auf Verschlossenheit und Träumerei.

Neben der Stellung des Baumes im Rahmenkreuz gibt vor allem die individuelle Ausformung seiner einzelnen Teile (Wurzel, Stamm, Krone) wichtige Aufschlüsse über das Persönlichkeitsbild der Testperson. Knollenbildungen, Brüche, Knicke, Ein- oder Ausbuchtungen weisen auf verschiedene Eigenheiten hin.

Dieser Test wurde auch auf einem Gebiet angewandt, das über die Persönlichkeit eines Einzelindividuums hinausreicht. In der bildenden Kunst finden wir den Baum in allen Epochen vor. Freilich ist er hier weniger Abbild der individuellen Stimmung und Eigenart des Künstlers, sondern vielmehr ein symbolisches Mittel, um allgemeinmenschliche Tatsachen oder Aussagen darzustellen. So hat z.B. der Kunsthistoriker M. Lurker Kochs Baumtest auf Bilder von Hieronymus Bosch, Caspar David Friedrich und anderen angewendet und ist damit zu interessanten Ergebnissen gekommen. Sicherlich ließe sich der Baumtest auch auf die Gartenkunst anwenden. Die Auswahl verschiedener Wuchsformen (Sonderformen , wie wir sie in japanischen Gärten finden, mit eingeschlossen), aber auch deren jeweilige Stellung im Rahmen, den der Garten oder überhaupt die Umgebung des Baumes darstellt, läßt sicher Rückschlüsse zu auf das Weltbild der jeweiligen Gesellschaft, welches der Gartenarchitekt reproduziert, bzw. darstellt. Die Möglichkeiten, die sich hier andeuten sind jedenfalls so vielfältig, daß es einer eigenen Arbeit bedürfte, um sie genauer aufzuzeigen.

Eine Erweiterung des Koch'schen Baumtests stellt der Test von Dr. Graf Wittgenstein dar. Er zeigt, daß der von der Testperson gezeichnete Baum nicht lediglich ein vager Ausdruck des menschlichen Gemütszustandes ist, sondern daß er, wie ein Diagramm den Wachstumsvorgang des Menschen in einem Bild zusammenfaßt, auf dem, wie auf der Kurve, wichtige Daten im Leben der Testperson ablesbar sind. Wittgenstein geht von der Überlegung aus, daß der im Augenblick gezeichnete Baum auch nur der augenblicklichen Situation des Zeichners entsprechen kann. Man müßte, so meint er, einen Maßstab finden, der sich sowohl im Baum, als auch im Leben ausdrückt.

In seinem Test wird die Höhe des Baumes (h) in Millimetern in Relation zu dem Alter (a) des Zeichners in Jahre und Monate umgerechnet. (h:a = i) Daraus ergibt sich die Indexzahl (i). Dieses zugrunde legend, kann man vielfach gravierende, zum Teil vergessene Daten aus dem Leben des betreffenden (Patienten) ablesen. Besondere Merkmale am gezeichneten Baum, wie Astgabelungen, Knicke im Stamm, Astlöcher oder abgebrochene Äste etc., kann man auf ein bestimmtes Alter umrechnen. Dabei entspricht i in mm. jeweils einem Jahr. Gemessen wird von der Stammbasis aufwärts. (102)

Ich habe diesen Test von mehreren Bekannten machen lassen, und es war erstaunlich, wie oft sich dabei ziemlich genaue Daten (bis auf Monate) für wichtige Ereignisse (z.B. Anfang oder Ende einer engen persönlichen Beziehung, Lösung vom Elternhaus, Tod einer nahen Bezugsperson, usw.) an den gezeichneten Bäumen ablesen ließen. Es wäre zu aufwendig, hier Beispiele anzuführen, aber der Leser, der vorhin brav seinen Baum gezeichnet hat, mag selbst die Methode nachprüfen.

Freilich kann dieser Test nicht wissenschaftlich genannt werden, vor allem, weil er anscheinend auf einem Phänomen beruht, das für die heutige Wissenschaft nicht erklärbar ist. Da die Methode aber zu einem hohen Grad wirksam ist, mag sie uns genügen als ein Hinweis darauf, daß auch der heutige Mensch sich mit dem Baum identifiziert, und zwar in einem viel stärkeren Maße, als er dies meistens für möglich hält.

5.3. Empfindungs- und Kommunikationsfähigkeit des Baumes. (Das geheime Leben der Pflanzen.)

Leider erst im letzten Augenblick ist mir ein Buch in die Hände gekommen, welches, hätte ich es eher gehabt, mir ermöglicht hätte, das bisher geschriebene entschiedener und klarer auszudrücken, da es viele Zusammenhänge, welche ich als Vermutungen nur anzudeuten wagte, ins Licht einer neuen Realität rückt.

Die Amerikaner Tompkins und Bird geben in ihrem Buch „Das geheime Leben der Pflanzen" einen Überblick über internationale Forschungen, die sich mit dem Wahrnehmungsvermögen und der Reaktionsfähigkeit von Pflanzen befassen. Das Buch ist in allgemeinverständlicher Weise gehalten, wodurch es stellenweise einen unseriösen Eindruck machen mag. Dennoch macht das Gesamtbild einen überzeugenden Eindruck. Daß der Leser trotzdem gelegentlich fast ungläubig gegenüber steht mag aber vor allem an der revolutionierenden Neuigkeit der dargebotenen Tatsachen und Aspekte liegen. Anhand einiger Auszüge möchte ich die für uns wichtigsten Aussagen des Buches zusammenfassen:

Schon zu Anfang unseres Jahrhunderts stellte der Wiener Biologe Raoul Francé die damals schockierende Theorie auf, daß Pflanzen eine Bewußtheit hätten, und daß diese „Bewußtheit der Pflanzen ihren Ursprung in einer feinstofflichen Welt kosmischer Wesen haben könnte, die schon lange vor Christi Geburt von Hindu - Weisen als devas bezeichnet wurden, und die von Hellsichtigen Kelten (Druiden) und anderen Sensitiven der frühen Zeit in Form von Feen, Elfen, Gnomen, Sylphen und ähnlichen Kreaturen unmittelbar gesehen und erlebt wurden. Seine Idee wurde von Fachleuten als kindisch, bzw. hoffnungslos romantisch betrachtet. Es hat der Aufsehen erregenden Entdeckungen mehrerer Wissenschaftler in den sechziger Jahren dieses Jahrhunderts bedurft, um die Pflanzenwelt plötzlich wieder in den Mittelpunkt weltweiter Aufmerksamkeit zu rücken. Beweismittel stützen nun das poetische und philosophische Bild von den Pflanzen als lebenden, atmenden, agierenden und reagierenden Lebewesen. (103)
1966 entdeckte Cleve Backster, damals von Beruf Experte für Lügendetektoren bei der amerikanischen Kriminalpolizei, beinahe durch Zufall, daß Pflanzen „Gefühle" zeigen, und - was dabei so wichtig ist -, daß diese Gefühlsreaktionen meßbar sind., - meßbar, mit Hilfe eines Lügendetektors, den er an seiner Zimmerpflanze, einer Dracaena (Drachenbaum) anschloß. Zu seiner Überraschung stellte er fest, daß der Zeiger seines Gerätes ausschlug, wenn er die Pflanze berührte. Aber auch als er nur daran dachte, die Pflanze, um einen stärkeren Reiz auf sie auszuüben, zu verletzen, zeigte sich ein besonders starker Ausschlag des Zeigers. Er schloß daraus, daß die Pflanze fähig sei, Dinge und Vorgänge in ihrer Umgebung, aber auch menschliche Gedanken wahrzunehmen. Freilich ohne Sinnesorgane, im Gegensatz zum Menschen, und dennoch womöglich zu feineren Unterscheidungen fähig, als die menschlichen Wahrnehmungsorgane.

Was er als Spiel begonnen hatte, führte Backster in einer Reihe gezielter Versuche weiter. So konnte er 1968 in seiner Arbeit „Evidence of Primary Perception in Plant Life" seine Hypothese darstellen und erhärten.

Diese lautete:

„Bei lebenden Pflanzen existiert eine bis jetzt noch nicht definierte, primäre Wahrnehmung; Die Vernichtung von tierischem Leben kann als Fernreiz dienen, um dieses Perceptionsvermögen zu demonstrieren; es kann gezeigt werden, daß diese Perceptionsfähigkeit bei Pflanzen unabhängig von menschlicher Beteiligung funktioniert." (104) Um den zweiten und dritten Teil seiner Hypothese zu beweisen, führte er Versuche durch, in denen er Kleinkrebschen durch einen automatischen Mechanismus in einem zufällig gewählten Moment töten ließ und mit einem Galvanometer die Rektionen der im Raum aufgestellten Philodendren maß. Er konnte so zeigen, daß die Pflanzen, wenn nicht nur sie selbst bedroht oder verletzt werden, reagieren, sondern überhaupt, wenn lebende Zellen in ihrer Umgebung vernichtet werden.

Der amerikanische Chemiker Marcel Vogel führte eigene Pflanzenversuche durch und ging schließlich so weit, festzustellen: „Es ist eine Tatsache: Der Mensch kann mit der Pflanzenwelt kommunizieren, und er tut es. Pflanzen

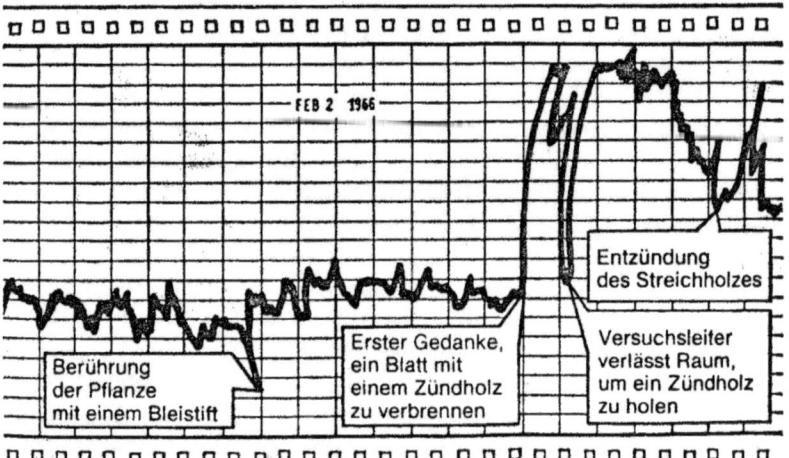

Diagramm von Backsters erstem Versuch mit Dracaena

sind lebendige, empfindsame, mit dem All verbundene Wesen. Sie mögen im menschlichen Sinne blind, taub und stumm sein, aber meiner Meinung nach gibt es keinen Zweifel daran, daß sie äußerst sensible Instrumente sind, die die Emotionen des Menschen auffangen. Sie strahlen energetische Kräfte aus, die der Mensch fühlen kann und als angenehm empfindet. Sie dringen in unser eigenes Kraftfeld ein, das dafür seinerseits Energie zur Pflanze zurückfließen läßt. Die amerikanischen Indianer, meint Vogel, waren sich dieser Zusammenhänge wohl bewußt. Wenn sie neue Kraft brauchten gingen sie in den Wald, stellten sich mit ausgestreckten Armen unter eine Kiefer und lehnten sich mit dem Rücken dagegen, um so neue Energie zu „tanken". Aus dieser Perspektive scheinen nun aber auch Bräuche, wie wir sie auf den S. 45 ff. besprochen haben, eine Grundlage zu haben, die man nicht mehr nur als primitive Einbildung oder als Aberglauben abtun kann.

Eine Bekannte von Vogel, die sicherlich besonders sensibel war, „versetzte" sich auf seine Bitte hin in einen seiner Philodendren, welche er für seine Experimente benutzte. Hier ihr Bericht, den sie später niederschrieb: „Zuerst wußte ich nicht, wie ich das eigentlich anstellen sollte, mich in eine Pflanze zu versetzen, und beschloß, mich einfach meiner Einbildungskraft zu überlassen. Bald darauf war mir, als beträte ich den Hauptstamm durch eine Tür an seinem Fuße. Drinnen sah ich sich bewegende Zellen und Wasser, das durch den Stamm nach oben wanderte. Ich ließ mich mit diesem Strom empor tragen. Als ich mich den Blättern näherte, fühlte ich mich aus meiner Phantasiewelt in eine Seinsform hinübergezogen, die ich nicht mehr zu kontrollieren vermochte. Da gab es keine geistigen Bilder mehr, sondern eher so etwas wie ein Gefühl, als ob ich an einer weiten, sich ausbreitenden Oberfläche teilhätte, die ich ausfüllte. Es schien mir, ich könnte dies nicht anders beschreiben, denn als reines Bewußtsein. Ich hatte das Gefühl, von der Pflanze" angenommen" und beschützt zu werden. Die Zeit war aufgehoben, ich empfand nur die Einheit von Raum und Sein. Ich mußte lächeln und gab mich diesem Einssein mit der Pflanze hin. Da bat mich Herr Vogel, mich zu entspannen und ich merkte, daß ich sehr müde war, aber völlig friedlich. Meine ganze Kraft war bei der Pflanze gewesen."

Vogel hat das gleiche Experiment noch mit vielen anderen Versuchspersonen durchgeführt. Er ließ sie ein einzelnes Blatt „betreten" und die Zellen darin beobachten. Alle gaben übereinstimmende Beschreibungen verschiedener Teile des Zellorganismus - bis hin zu Einzelheiten der Struktur von DNS - Molekülen. Aus derartigen Experimenten zog Vogel den Schluß: Wir können uns in einzelne Zellen unseres eigenen Körpers versetzen und sie, je nach unserem seelischen Zustand, auf verschiedene Weise beeinflussen. Damit kann man vielleicht eines Tages die Ursache von manchen Krankheiten erklären."

Wir müssen hier zur Kenntnis nehmen, daß Vogel sich bereits in seiner Jugend „in Bücher über Magie, Spiritualismus und Hypnosetechniken vertieft hatte und sich - noch ein Teenager - als Hypnotiseur auf der Bühne produzierte." (lO5) So ist es auch verständlich, daß bei ihm Versuche gelangen, die seinen Kollegen häufig mißglückten.

Trotzdem müssen wir uns fragen, ob nicht gerade diese Fähigkeit, sich in den Baum zu versetzen und das Leben des Organismus von innen zu betrachten und durch so gewonnene Erkenntnis die richtigen Heilmittel zu finden, - oder besser: zu wissen - ob nicht diese Fähigkeit ursprünglich die Kunst des primitiven Medizinmannes, des Druiden, des Schamanen ausmachte. Die Parallelität ist jedenfalls so frappierend, daß man sich dieses Vergleichs kaum erwehren kann. Daß es sich bei diesen Dingen nicht nur um mystische Träumereien handelt, mag uns die folgende Stelle aus dem Buch zeigen:

„Nach Pierre Paul Sauvin (einem Fachmann für Elektrotechnik, der sich früher aber auch mit der Erforschung von ASW und Mentalhypnose befaßt hatte) bot die Sensibilität der Pflanzen auch die Möglichkeit, einen Flugzeugentführer in spe bereits auf dem Flughafen zu entlarven, noch bevor der Verbrecher an Bord gehen und die Passagiere gefährden konnte. Er regte das „Unternehmen Skyjack" an, ein Verfahren, bei dem Pflanzen in Verbindung mit Galvanometern und anderen hoch empfindlichen Geräten eingesetzt werden können, um die innere Erregung zu registrieren, die ein Flugzeugentführer hinter seinem ruhigen und sicheren Auftreten verbirgt.

Die Armee der Vereinigten Staaten unterstützt dieses Projekt bereits; in Fort Belvoir, Virginia wurden Gelder für die Pflanzenforschung zur Verfügung gestellt. Die Armee ist daran interessiert, Mittel und Wege zu finden, menschliche Gefühlsreaktionen mit Hilfe von Pflanzen messen zu können, die nicht vorher auf eine bestimmte Person „programmiert" werden müssen. Auch die Marine zeigte sich interessiert" (106)

Die möglichen Konsequenzen dieser zunächst harmlosen Versuche nehmen hier auf einmal ungeahnte Dimensionen an, und es fällt schwer, sich nicht an die Schreckensvisionen eines G. Orwell oder A. Huxley zu erinnern. Vielleicht ist „1984" nicht utopischer als Jules Verne's „Reise zum Mond".

Wie in der Weltraumforschung sind den Amerikanern auch bei der Erforschung der Pflanzen die Russen sehr bald nachgefolgt. Im Oktober 1970 erschien in der Prawda ein Artikel mit dem Titel „Was die Blätter uns erzählen". Er enthielt einen Bericht über Versuche mit Pflanzen, die denen von Backster ganz ähnlich waren. Sie wurden in Moskau im Laboratorium für künstliches Klima an der Timirjasew-Hochschule für Agrikultur durchgeführt. Russische Wissenschaftler beschäftigten sich mit diesen Fragen vorwiegend unter wirtschaftsverbessernden Zielsetzungen. So wies ein russischer Ingenieur, Karamow, nach, daß Pflanzen mittels eines entsprechenden „Instrumentengehirns" ihren Bedarf an Licht und Wasser selbsttätig regeln können. Er meint, daß es eines Tages möglich sein würde, auf kybernetischem Wege alle physiologischen Prozesse der Pflanzen zu steuern, nicht, wie er sich ausdrückte, „um

der Sensation willen, sondern zum Wohle und Nutzen der Pflanzen selbst. Wenn Pflanzen einmal im Stande sein werden, ihre Umwelt zu beeinflussen und mit Hilfe von elektronischen Apparaten optimale Bedingungen für ihr Wachstum herzustellen, wird dies ein großer Schritt nach vorn sein auf dem Weg zu reicheren Getreide- und Gemüseernten."(107)
Der Ingenieur Merkulow schrieb 1972: „Wenn der Mensch weiß, wie er Pflanzen „verstehen" kann, wird er Geräte konstruieren, die selbständig ganze Felder überwachen, daß sie zu jeder beliebigen Zeit alle Bedürfnisse des Getreides befriedigen können. Der Tag ist nicht mehr fern, an dem Wissenschaftler über die Anpassungs- und Widerstandsfähigkeit von Pflanzen gegenüber ungünstigen Umweltbedingungen eine Theorie erstellen werden, die auch die Reaktionen von Pflanzen auf verschiedene Reize oder auf Herbizide mit einbezieht." (108)

Ein weiterer Beweis dafür, daß Pflanzen an Erlebnisbereichen teilhaben, von denen der Mensch glaubte, sie seien nur ihm zugänglich, können wir in einer Reihe von Versuchen sehen, die pflanzliche Reaktionen auf Musik zeigen. Dr. T. C. Singh, Leiter des Botanikinstituts der Anamalai-Universität in Indien stellte bereits 1950 fest, daß Pflanzen auf Musik reagieren. Einer seiner fortgeschrittenen Versuche bestand darin, daß er einen Lehrer der Anamalai-Musikschule, Gouri Kumari, einigen Balsampflanzen eine Raga vorspielen ließ, die als Kara-harapriya bekannt ist. Kumari, ein virtuoser Musiker, spielte jeden Tag fünfundzwanzig Minuten auf einem lautenähnlichen, meist siebensaitigen Instrument, der Veena. Im Laufe der fünften Woche überholten die Versuchspflanzen ihre „Artgenossen", denen nicht vorgespielt wurde. Ende Dezember (?) hatten sie durchschnittlich zweiundsiebzig Prozent mehr Blätter entwickelt und waren zwanzig Prozent höher gewachsen als die Kontrollpflanzen." (109) Singh erklärte, er könne in seinen Labors demonstrieren, daß die Stoffwechselprozesse der Pflanzen, wie Verdunstung und Kohlenstoffassimilation, unter dem Reiz von Musikklängen oder rhytmischen Erschütterungen beschleunigt werden und - um mehr als zweihundert Prozent zunehmen. Die stimulierten Pflanzen, schrieb Singh, können eine größere Menge Nährstoffe während einer bestimmten Zeitspanne synthetisieren, was natürlich zu höheren Ernteerträgen führt. (110)
Anscheinend waren die Inder - in der Antike, wie in der Neuzeit - die ersten, die mit Hilfe von Musik oder Tönen nachweisbare Reaktionen bei Pflanzen hervorgerufen haben, sie waren jedoch keineswegs die einzigen. Unter anderen zeigte eine Mrs. Retallack, daß Pflanzen auf verschiedene Musik verschieden reagieren. In einem ihrer Versuche spielte sie einer Gruppe von Pflanzen harten Rock vor, einer anderen klassische europäische Musik. Die-

sen Versuch führte sie mit Kürbispflanzen durch. Das Ergebnis war folgendes: „Die Pflanzen, die Haydn, Beethoven, Brahms, Schubert und andere Komponisten aus demEuropa des 18. und 19. Jahrhunderts ausgesetzt waren, wuchsen dem Transistorradio entgegen, ja, eine Pflanze schlang sich sogar liebevoll um den Apparat. Die „Rock-Kürbispflanzen" dagegen mieden den Lautsprecher geradezu und versuchten sogar, sich an den glatten Wänden ihres Glaskäfigs emporzuranken" (111) Eine ganz besonders gute Aufnahme bei den Pflanzen fand die Musik von J.S. Bach und diese wurde noch übertroffen durch indische Ragas, gespielt von Ravi Shankar. Sie neigten sich um 35 Grad den Bach'schen Preludien entgegen, und in ihrem Bestreben, die Quelle der klassischen indischen Musik zu erreichen, legten sie sich schon halb in die Horizontale, - mit extremen Winkeln von bis zu 60 Grad. (112)

Diese wenigen Auszüge aus dem Buch mögen uns genügen, um zu sehen, daß das heute übliche, materialistische Bild vom Baum, das unsere Kultur erzeugt hat, nur an der Oberfläche des seh- und hörbaren orientiert ist. Es sagt nichts aus über die eigentlichen Wesensqualitäten des Baumes und dessen innere, dem Bewußtsein bisher weitgehend verborgene Beziehung zum Menschen. Die Psychologen und diejenigen, die heute der Psychologie nicht allzu skeptisch gegenüberstehen, begnügen sich gerade noch mit der Ansicht, daß, obzwar der Geist oder das Wesen im Baum keine objektiv meßbare Gegebenheit sei, daß man aber, „insofern man gesonnen sei, der Psyche irgend welche Wirklichkeit beizumessen", auch deren Projektionen (und solche sind die symbolischen Aspekte des Baumes), eine Existenz, allerdings mit erheblichen Einschränkungen zugestehen müsse. Die psychischen Beziehungen zwischen Mensch und Baum seien zwar vorhanden, aber insofern sie einseitig seien, keine wirklichen. Das heißt, die symbolischen Wirkungen (und die damit verbundenen Phänomene), die der Baum für den Menschen hatte und noch hat, seien ausschließlich durch eine (primitive) Projektion des Menschen seines Selbst in den Baum entstanden und können ausschließlich durch eine, nur dem Menschen innewohnende Kraft bestehen.
Nachdem wir aber nun gesehen haben, daß auch der Baum anscheinend etwas besitzt, das der menschlichen Psyche zumindest sehr nahe verwandt ist, und diese, nennen wir es „Psyche des Baumes" wirklich ist, (weil endlich objektiv meßbar), können wir annehmen, daß die psychischen Beziehungen nicht nur in einer, sondern in beiden Richtungen verlaufen.
Dieses Bild ist noch ungenau, da diese Beziehung nicht mehr auf den herkömmlichen Vorstellungen von Materie und Zeit beruht, sondern die Dimension des bisher Wahrnehmbaren und meßbaren Raums überschreitet, d.h., in eine Dimension, die wir als „fünfte" bezeichnen könnten, hineinreicht. Des-

halb kann auch nicht mehr von einer „Beziehung" im herkömmlichen Sinn die Rede sein, welche zwei Pole, z.B. Mensch und Baum voraussetzt und linear gedacht werden kann. Vielmehr müssen wir uns diese Beziehung als räumlichen Komplex vorstellen. Das physikalische Gesetz, daß da, wo ein Körper ist, kein zweiter sein könne, tritt hier außer Kraft. Die Pole Mensch und Baum durchdringen sich, sie sind eins und nicht-eins zugleich. - Hier ist die Grenze. Wer könnte den Worten des Lao Tse auch nur ein einziges hinzufügen?

> Das Wesen/das begriffen werden kann/
> Ist nicht das Wesen des Unbegreiflichen.
> Der Name/der gesagt werden kann/
> Ist nicht der Name des Namenlosen.
> Unnambar ist das All - Eine/ist Innen.
> Nambar ist das All-Viele/ist Außen.
> Begehrdenlos ruhen/heißt Innen erdringen.
> Begehrdenvoll handeln/heißt beim Außen verharren.
> All-Eines und All-Vieles sind gleichen Ursprungs/
> Ungleich in der Erscheinung.
> Ihr Gleiches ist das Wunder/
> Das Wunder der Wunder/
> Alles Wunder-Vollen Tor.

Die Entdeckung der Empfindungs- und Reaktionsfähigkeit der Pflanzen ist für uns deshalb so wichtig, weil sie uns zeigt, wie leicht unser so selbstbewußtes Weltbild aus den Angeln gerät und daß es durchaus nicht das einzig mögliche und vielleicht nicht einmal wahr ist. Diese Entdeckung sollte uns eine Mahnung zu geistiger Bescheidenheit sein. Denn sie zeigt uns, daß es Völker und Kulturen gab und gibt, die wir leichtfertig als primitiv abtun, und deren Erfahrungen und die daraus entstandenen geistigen Produkte wir geringschätzig als subjektive Einbildungen und abergläubisch magisches Verhalten unterbewerten, und das wahrscheinlich nicht etwa, weil es die Bezugsobjekte nicht gäbe, sondern lediglich, weil wir sie nicht mehr sehen können, weil, - anscheinend auf Grund der Evolution, aber vor allem durch politische, religiöse und soziale Entwicklungen bedingt, - wir die Fähigkeit zu „primärer Wahrnehmung" fast gänzlich verloren, oder besser: verlernt haben.

Aufgrund dieser Entdeckung wird es mehr als wahrscheinlich, daß die Funktion der Seher, Priester und Schamanen der außer jüdisch-christlichen Religionen und Völker als Ärzte, Propheten und Vermittler mit einer außerbewußten Wirklichkeit nicht auf einer eingebildeten oder halluzinösen Projektion ihres Selbst auf sie umgebende Objekte basiert, sondern auf einer Kenntnis der Natur, in deren Gesamtheit der Mensch integriert war, ohne sich als „Krone der Schöpfung" zu betrachten, und folglich ohne den Anspruch, sich diese untertan zu machen und sie zu beherrschen. Und eben weil der archaische Mensch diesen Anspruch nicht hatte, konnte er den Baum in seinem innersten Wesen erfassen. Die Natur verschloß sich ihm nicht. Erst durch das Bestreben des Menschen, Natur zu beherrschen, verlor er den ursprünglichen, unmittelbaren Zugang zu ihr. Je größere Anstrengungen der Mensch machte, die Natur den Kategorien seines Bewußtseins und dem, was er „freien Willen" nennt, untertan zu machen, umso weiter entfernte er sich von ihrem Wesen. Der heutige Mensch beweist das. Der Mensch ist in einen circulus vitiosus geraten, den zu sprengen er jetzt eine Chance, vielleicht die letzte, erhält. Das Bestehen dieser Chance aufzuzeigen und Anregung zu geben, sie zu nutzen, ist das eigentliche Anliegen dieser Arbeit.

6. Der Baum in der Garten- und Landschaftsarchitektur.

Da der Mensch zum großen Teil ein Produkt der Umwelt ist, die er sich selbst schafft, und diese Tatsache heute eigentlich bekannt sein sollte, ist es kaum verständlich, daß der heutige Mensch so fahrlässig mit der Gestaltung seiner Umwelt umgeht. Auf die Verantwortung, die der Landschaftsarchitekt hier mitträgt, sind wir bereits eingangs zu sprechen gekommen.
Es scheint vielleicht zunächst so, als ob die hier besprochenen symbolischen Bedeutungen und deren Kenntnis, nur einen geringen Einfluß auf die Arbeitspraxis des Landschaftsarchitekten haben können. Wir müssen aber damit rechnen, daß diese Meinung vor allem darauf zurückzuführen ist, daß dies nur im jüdisch-christlichen Kulturbereich so war, in welchem, wie wir gesehen haben, aus religionspolitischen Gründen andere Aspekte bewußt unterbunden wurden.
Wie wichtig die Kenntnis symbolischer Zusammenhänge für den Garten- und Landschaftsarchitekten ist, wird klar, wenn wir z.B. den traditionellen japanischen Garten daraufhin betrachten. Die Faszination, die von ihm ausgeht, liegt vor allem in der Ausgeglichenheit der in ihm realisierten Symbolik. Es gibt im japanischen Garten streng genommen nichts, das nicht vom Gartenmeister in symbolischem Zusammenhang gesetzt, und auch vom Bewohner oder Besucher so verstanden wird. (Es gibt eine ganze Reihe von Büchern über die Symbolik in japanischen Gärten, und es würde uns hier zu weit führen, darauf ausführlicher einzugehen.)

Daß eine ursprüngliche Kraft von diesen Gestaltungen ausgeht, läßt sich auch aus der Tatsache ersehen, daß der abendländische Betrachter, der ja vor hundertfünfzig Jahren kaum eine bewußte Vorstellung von fernöstlicher Symbolik gehabt haben dürfte, sich von dieser Art, die Welt zu erleben so beeindruckt zeigte, daß er im Englischen und Deutschen Landschaftsgarten (, dessen Ursprünge natürlich in erster Linie in der Entwicklung des abendländischen Welt- und Menschenbildes zu finden sind,) sich häufig an japanische Gestaltungsprinzipien anlehnte. Der englische Teil des Schloßparks zu Nymphenburg mag uns hier als Beispiel dienen: An der Ausformung der Seen, Inseln und Wiesenflächen, der Führung der Wege, der Stellung einzelner Steine und Steingruppen, vor allem aber an der japanisch nachempfundenen Pagodenburg, lassen sich deutlich japanische Einflüsse ablesen. Es scheint jedoch, daß sich dieser Einfluß weitgehend im formalen Bereich erschöpfte, während er sich relativ wenig auf eine archetypische Symbolik und hinter der Form verborgene Wesenszusammenhänge erstreckte. Man bewunderte zwar die Naturliebe der Japaner, die man aber nur im allgemeinen und als allgemeine erfassen konnte. Und ähnlich fremd stand man wohl auch dem spätgriechischen Pantheismus oder auch germanischen Götter- und Naturvorstellungen gegenüber. Dies ist verständlich, denn schließlich betrachtete man diese Welten aus einer grundsätzlich christlichen Perspektive, welche die Wirklichkeiten, die jene Weltbilder ursprünglich spiegelten, meist nur in ihrer Oberfläche aufnehmen konnte. So können wir freilich Männern wie Sckell, Pückler-Muskau oder Linné keinesfalls Oberflächlichkeit vorwerfen. Es liegt vielmehr an der Entwicklung der abendländischen Weltanschauung, daß ein Durchdringen zum inneren Wesen der Natur und des Menschen zur damaligen Zeit fast unmöglich war. Daß es dennoch Vorstöße in diese Bereiche gab, sehen wir z.B. an Goethe's „Metamorphosen der Pflanzen". Arbeiten wie diese erlangten aber, wenn man von der anthroposophischen Bewegung absieht, bis heute keine besondere Bedeutung im praktischen Anwendungsbereich.

Die heutige Garten- und Landschaftsarchitektur hat die psychischen Verflechtungen zwischen Mensch und Baum und die daraus folgenden Konsequenzen fast vollkommen vergessen oder verleugnet. Verleugnet, weil dem heutigen Menschen psychische Wirklichkeiten überhaupt weitgehend unverständlich geworden sind; -vergessen, weil der Mensch im Kampf gegen den physischen Zusammenbruch der Welt einfach keine Zeit mehr finden zu können glaubt, um sich auf die eigentlichen Ursachen dieser, heute bereits im materiellen Bereich handfest auftretenden Krise zu besinnen. Diese

Besinnung aber, auf Wirklichkeiten, die uns vor allem eine verstandene symbolische Wirklichkeit erschließen kann, wird nötig sein, auch wenn dieser Weg manchem zunächst als ein zu weiter und unnötiger Umweg erscheinen mag, und wenn auch die ersten Früchte solchen Besinnens unerwartet lang auf sich warten lassen werden. Geduld, Bescheidenheit und Mut werden hier unentbehrlich sein.

Die Aufgabe des Landschaftsarchitekten kann in Zukunft nicht mehr nur darin bestehen, einen gegebenen Raum mit ästhetischen Formen und rationellen Funktionen zu füllen. Es wird nötig sein, daß der gestaltende Mensch das innere Wesen der Natur (, die den Menschen mit einschließt,) erfaßt, und dieses zunächst abstrakt erscheinende Bild in lebendigen äußeren Formen materialisiert. Um die äußeren und die inneren Proportionen in Einklang zu bringen, muß der Gestalter die Beseeltheit seines Materials und damit seiner selbst kennen und achten.

Man wird dieses Thema der psychischen Beziehungen zwischen Mensch und Baum weiter ausbauen und in irgendeiner Form in die Lehre aufnehmen müssen, um in der Zukunft dem Garten-und Landschaftsarchitekten eine Grundlage mit in den Beruf zu geben, die ihm eine bessere Chance verleiht, den Anfechtungen einer immer mehr materialistisch denkenden Welt zu widerstehen.

Die damit verbundene Änderung der Maximen betrifft in erster Linie die, welche die Erde formen, wie Architekten, Landschaftsarchitekten, Städteplaner, und viele andere. Da aber letzten Endes jeder Mensch an der Gestaltung seiner Umwelt und damit seiner eigenen Selbstfindung mehr oder weniger direkt teilhat, wird es für die weitere Entwicklung wichtig sein, auch das breitere Publikum mit diesen wiederentdeckten Beziehungen zwischen Mensch und Natur bekannt zu machen.

Dies werden entscheidende Schritte sein in Richtung auf eine Menschheit, die ihre Stellung im Kosmos neu finden muß, wenn sie nicht an ihrer eigenen Überheblichkeit zugrunde gehen will.

Literaturverzeichnis

1. Ganong; Medizininsche Physiologie; S.114
2. Betz, Dieter; Psychophysiologie der kognitiven Prozesse. München,1974; S. 117.
3. s.u. 2.; S.118.
4. Lorenz,Konrad; Vom Weltbild des Verhaltensforschers; München 1968; S.112
5. s.u. 4.; S.113.
6. s.u. 2.; S.151 .
7. Katz, David; Gestaltpsychologie; Basel 1948; S.147.
8. Jung, C.G.; Bewußtes und Unbewußtes; Hamburg 1957; S.14
9. Nohl, Werner; Über die Erlebniswirksamkeit von Bäumen. (Polaritätsprofil); in: Mitt. Dtsch. Dendrol. Ges. 1974
10. s.u. 8.; S. 13.
11. Jünger, Ernst ; Essays IV; S.358
12. s.u. 8.; S.29.
13. s.u. 7.; S.147.
14. Sedlmayr, Hans; Verlust der Mitte; Berlin 1956;S.127, f..
15. Jung, C.G.; Von den Wurzeln des Bewußtseins; Zürich 1954; S.381.
16. Butterworth, E.A.S.; The Tree at the Navel of the Earth; Berlin, 1970; keine Seitenangaben./ s.a.u.19.S.261.
17. Edda; Voluspa, 19
18. s.u.16.
19 Eliade, Mircea; Schamanismus und archaische Ekstasetechnik. Stuttgart; S.259.
20. s.u.19.S.169, f..
21. Rech, Photina; Inbild des Kosmos; 1966; in: s.u.23.S.24.
22. Marzell, Heinrich; Die deutschen Bäume in der Volkskunde; in: Mitt. Dtsch. Dendrol. Ges.1934; S.122.
23. Bernatzky, Alois; Baum und Mensch; Frankfurt a.M.; S.25.
24. s.u. 22.; in:Mitt. Dtsch. Dendrol. Ges.1932; S.164.
25. s.u.15.S.478.
26. Mayani, Z.; L arbre sacré et le rite de l'alliance chez les anciens Sémites. Paris, 1935; S.19.
27. s.u.16.
28. Jung, C .G, Antwort auf Hiob. Zürich 1952; S.40.
29. s.u.26. S. 24.
30. Lurker,Manfred; Der Baum in Glauben und Kunst. Straßburg 1960; S. 33.
31. Beitl, Richard; Wörterbuch der dtsch. Volkskunde. Stuttgart 1955; S. 657.
32. s.u.11. S. 300.
33. Schönichen, Walter; Von deutschen Bäumen. Berlin, 1950; S. 113.
34. s.u.30. S. 33.
35. Mac Culloch; Religion of ancient Celts. London 1911; S.202.
36. s.u.22.Mitt.Dtsch.Dendrol. Ges.1928;S.106.
37. s.u. 36. S,117
38. s.u. 35. S. 302
39. s.u. 33. S.171
40. s.u. 19. S. 260
41. s.u.22. in:Mitt. Dtsch. Dendrol. Ges. 1936; S. 173.
42. s.u. 30. S. 43.

43. Paul, Firedrich; Proto-Indo-European Trees. The Arboreal System of a Prehistoric People; S.?. Chiongo 1970

44.s.u.22. In: Mitt. Dtsch. Dendrol. Ges. 1931 ; 3.280.

45.s.u. 23. S. 29, f..

46.s.u. 30. S. 114.

47.s.u. 23. S. 30.

48.s.u. 8. S. 41.

49.s.u. 26. S. 31.

50.Hautecoeur, Louis; Les Jardins des Dieux et des Hommes. 1959; S. 27.

51 .s.u. 24. S. 166

52.s.u. 22. in: Mitt.Dtsch.Dendrol. Ges. 1930; S.184.

53.s.u. 23. S. 28.

54.s.u.22.S.124.

55.s.u. 44. S. 279.

56.s.u. 30. S. 106.

57.Bock Hieronymus; Kreuterbuch. 1551; S. 420; in: s.u. 22.

58.s.u. 24. S. 170.

59.s.u. 22 in Mitt. Dtsch. Dendrol. Ges. 1929; S. 80

60.s.u. 24. S. 171.

61 s.u. 59. S. 81.

62.Fuchs; New Kreutterbuch. 1543, Cap. 26. in: s.u. 22.

63.s.u. 44. S. 277.

64.s.u. 44. S. 280

65.s.u. 33. S.?.

66.s.u. 24. S. 168.

67.s.u. 22. in: Mitt. Dtsch. Dendrol. Ges. 1933; S. 149, f..

62.s.u. 67. S. 151.

69.s.u. 59. S. 87.

70.s.u. 22. S. 122.

71 .Petzold, Leander; Deutsche Volkssagen. München, 1970; S.187.

72.s.u. 71. S. 416.

73.s.u. 71. S.415.

74.s.u. 19. S. 33, 43, ff..

75.Schwabe, Julius; Archetyp und Tierkreis. Basel, 1951; S.306, f. s.a. in: s.u. 30. S. 28.

76.s.u. 43. S. 131.

77.s.u. 43. S. 145.

78.s.u. 43. S. 139, f.

79.s.u. 16.

80.s.u. 19. S. 409, f.

81.s.u. 30. S. 86.

82.s.u. 19. S. 368.

83.s.u. 26. S. 83.

84.s.u. 22. S. 130.

85.s.u. 44. S. 272.

86.s.u. 28. S. 39.

87.Lipfert, Klementine; Symbolfibel. Kassel, 1964; S.41.

88. Kretschmer, Wolfgang; Psychologische Weisheit der Bibel. München,1955; S. 138.

89.s.u. 28. S. 34. f..

90.s.u. 28. S. 35.

91.s.u. 30. S. 82.

92.s.u. 15. S. 491.

93.s.u. 15. S. 380.

94.s.u. 30. S. 15.

95.s.u. 15. S. 134.

96.s.u. 15. S. 354.

97.s.u. 15. S. 482.

98.Jung, C. G.; Der Geist des Merkurius. in:Eranos Jahrbuch 1942;

99.s .u. 95.

100.s.u. 15. S. 353.

101.Koch, Karl; Der Baumtest. Bern, 1954; S. 26

102.s.u. 101. S. 45, ff..

103.Tompkins, Peter und Bird, Christopher; Das geheime Leben der Pflanzen.1974, München; S.15.

104.Backster: Evidence of Primary Perception in Plant Life. 1968; s.u. 103.

105.s.u. 103. S. 36.

106.s.u. 103. S. 66.

107.s.u. 103. S. 99.

108.s.u. 103. S. 101.

109.s.u. 103. S. 138.

110.s.u. 103. S. 139.

111.s.u. 103. S. 144.

Magnus Angermeier

- Geboren 1949 in München
- Schule in München, Kiel und Regensburg
- Studium der Landschaftsarchitektur an der TU-München-Weihen-stephan (Prof. Günther Grzimek), 1971 - 1976
- Studium der Völkerkunde mit Schwerpunkt Komparatistik an der Ludwig-Maximilians-Universität München (Prof. László Vajda) 1977 - 1982
- Lehrauftrag an der Hochschule für künstlerische Gestaltung, Linz 1990 - 2000
- Lebt und arbeitet seit 1982 als Bildhauer und Landschaftsarchitekt in Eschelberg, Oberösterreich
- Webseite: http://eschelberg.net/magnus-angermeier/